献给新中国统计教育培训三十年

U0855575

统计培训启示录（之一）

基层统计工作大家谈

夏荣坡　石占前　韩际平　编

中国统计出版社
China Statistics Press

图书在版编目（CIP）数据

统计培训启示录：基层统计工作大家谈．1 /夏荣坡，石占前，韩际平编．
-- 北京 ：中国统计出版社, 2013.5
ISBN 978-7-5037-6804-0

Ⅰ．①统… Ⅱ．①夏… ②石… ③韩… Ⅲ．①统计－
中国－文集 Ⅳ．①C829.2-53

中国版本图书馆CIP数据核字(2013)第083110号

统计培训启示录

作　　者/ 夏荣坡　石占前　韩际平
责任编辑/ 梁　超
特约编辑/ 汪洪涛
装帧设计/ 韩际平　吴士金　仝卓良
出版发行/ 中国统计出版社
通信地址/ 北京市丰台区西三环南路甲6号　　邮政编码/100073
电　　话/ 邮购(010)63376909　　书店 (010)68783171
网　　址/ http://csp.stats.gov.cn
印　　刷/ 河北天普润印刷厂
经　　销/ 新华书店
开　　本/ 710mm × 1000mm　　1/16
字　　数/ 138千字
印　　张/ 16.25
版　　别/ 2013年5月第1版
版　　次/ 2013年5月第1次印刷
定　　价/ 29.00元

序

罗兰

蛇年之春，国家统计局统计教育培训中心的同志送来这本《统计培训启示录——基层统计工作大家谈》的样书，并嘱我为序。

万象更新之际，看到这样一本新书，更有耳目一新之感。分管统计教育培训工作，使我有机会多次参加各种统计培训活动，也有缘结识了很多基层统计工作的领导同志。翻阅这本书，又把我带回到多次参加县级统计领导培训班的情境里，又使我回忆起那些专注学习的同志们，他们记录在这本书里的经验介绍和心得体会，又给了我很多启示和思考的喜悦。

这本书可谓是基层写、写基层，这点很好。大家都知道统计工作“基础不牢，地动山摇”这个道理，所以为基层统计工作和基层统计人服务的工作很有意义，很有必要。记得国家统计局马建堂局长曾这样说：“要牢固树立基层观念，切实将基层工作作为一切工作的着眼点和着力点，始终如一地重视、关心和服务基层。”还说“要沉下身子，深入一线，掌握第一手鲜活的材料，了解基层的困难和问题，倾听基层统计人员的意见和建议。”经常深入基层搞调查或调研的同志一定会对基层有这样的感受：作为数据源头，基层统计责任大；作为基础工作，基层统计压力大；作为统计最前沿，基层统计更辛苦。正如本书的一篇文章所描绘：“上面千条线，下面一根针”，方方面面千头万绪的工作，到了基层就落在几个人的身上。古诗说："问渠哪得清如许，为有源头活水来"。统计数据的源头活水，能够清纯有活力，能够川流不息汇成国家统计数据的海洋，就是因为有千千万万的基层统计人在默默耕耘、默默奉献。在此蛇年新春，借此序言方寸，应该向他们道一声：辛苦了！

这本书的编辑同志对我说，策划编辑这样一本书的目的是：统计基层的领导同志，对基层工作感受最深，对基层统计人最有感情，对基层统计工作的发展最有期待，他们的工作经验和体会，是搞好基层统计工作的宝贵财富，对基层统计工作具有针对性和启发性。把他们的文章编辑起来，有助于促进基层统计工作的开展，对更多基层统计领导有所裨益。对编辑同志的想法我很赞同，读罢全书也有这样的感受，同时很赞赏这种把教育培训工作千方百计向基层倾斜的精神和做法。统计教育培训的对象是统计人，这本书是一个激发统计人思考的平台，一个锻炼统计人写作的平台，一个不是培训班的培训平台。这种做法有助于深化、延展和释放统计培训的作用和效果。

跨进蛇年，贯彻落实党的十八大精神是我们工作的首要任务。作为统计工作者，建设现代化服务型统计是摆在面前的新课题。借此寄语本书的作者、读者和编者们：面对新课题，做好新文章，在各自的统计岗位上，不断创新，不断进取，不断有新的收获。

是为序并共勉。

（作者为国家统计局党组成员、纪检组长）

编者的话

历届县级统计机构负责人培训班，都汇聚了很多县统计局和县国家调查队的领导同志前来学习。他们带着学习的热情，带着知识的渴望，从统计基层来，从统计前沿来，风尘仆仆。他们之中有经验丰富的统计老兵，也有经历尚短的统计新人，不管阅历和背景如何，他们都有一个共同点，就是：既然与统计结缘，就要干一行爱一行；既然身在领导岗位，就要在其位谋其政。一句话：要把自己的工作做得更好更精彩。

因为这样的共同点，他们在学习中格外认真、格外投入，格外勤于思考。特别是他们来自统计基层，对基层工作感受最深，对基层统计人最有感情，对基层统计工作的发展最有期待，所以结合培训学习，他们写出了很多富有基层气息、充满实践感悟、颇有理论探索的学习心得。

国家统计局统计教育培训中心作为历届培训班的策划和直接组织者，以工作重心真正向基层倾斜的方针和情怀，总是希望和努力把这项工作做得更细更好更完美。这本《统计培训启示录——基层统计工作大家谈》就是努力之一。基层统计领导的工作经验和体会，是搞好基层统计工作的宝贵财富，而他们结合学习培训所写的文章则更有针对性和启发性。如何把他们的经验、心得、意见、建议和思考荟萃起来，我们选择了出版这本书的方式。

书，是一种既传统又现代的载体，可以使书中的所思所想所说不胫而走。我们把基层统计领导的所思所想所说荟萃成《统计培训启示录——基层统计工作大家谈》，就是希望他们的所思所想所说不是消散于培训班的结束，而是播撒在基层统计工作的沃土，对更多基层统计领导有所裨益。

这本书分为第一辑、第二辑、第三辑。为便于参考和比较，第一辑选编的是县级统计局领导同志的文章，第二辑选编的是县级国家调查队领导同志的文章，第三辑收录的是云南省如何搞好乡镇统计人员培训的纪实专访。

我们的编辑方针是，力求所选文章结合基层统计工作实际，有的放矢，有感而发，说出作者的心里话。同时我们坚持风格的多样化，标题的简洁化，文章的短小化。

编辑这样一本书，对我们是一种新的尝试并希望这种尝试和努力，促进基层统计工作的进步，引导和推进广大统计工作者，特别基层统计人，对基层统计工作多思多想多说，齐心合力为夯实基础工作奉献力量。

本书由国家统计局统计教育培训中心系统培训处具体组织编辑，扈媛媛、王锋、尹艳华等同志为此做了大量工作。感谢《中国信息报》总编万东华、采访部主任黄真、北京昌平区国家调查队队长于桂谦等同志应邀对本书的悉心指教、精心斧正；感谢中国统计出版社陈悟朝等同志为本书出版付出的辛勤努力。

编者

2013年2月19日

目 录

CONTENTS

第一辑 01

第二辑 02

第三辑 03

PART

第一辑

在基层统计的广袤沃土上，县级统计局星罗棋布，是统计基础工作的有生力量和坚实根基，发挥着不可替代的巨大作用。在市场经济和改革发展的时代洪流中，县级统计局如何迎接挑战、如何抓住机遇、如何与时俱进？身在其中的县级统计领导最有发言权。请翻开第一辑，听他们如何道来……

脚踏实地练好内功

贺晚秀 // 湖南省邵东县统计局局长

统计工作要进步要发展要与时俱进，离不开内功扎实。内功是进步的基础，是发展的台阶，是与时俱进的推动力。我们所着力苦练的统计内功主要是：提高队伍素质，坚持有为有位，强化基层工作。

首先，练好内功，要狠抓业务学习，全面提升业务素质。统计工作科学性、业务性很强，不仅要求统计人员具备求真务实的思想，认真负责的态度，还要有科学的眼光，全新的思维，高素质的行政管理水平和精湛的业务技能。

为此我们首先设好准入门槛，坚持统计人员持证上岗。规定凡是统计在岗人员必须具备统计从业资格，熟悉统计业务知识，具有计算机操作技能。连续两年没有获得统计证的统计人员，必须退出统计领域。有压力才有动力，这一规定出台之后，统计人员深感危机，意识到不学习、不掌握岗位技能随时都有被淘汰的可能。所以都积极努力拿到统计从业资格证，以良好的状态踏上本职岗位。

我们采取集中培训和自学相结合的办法，倡导和组织大家认真学习业务，刻苦钻研业务，不断提高解读数据的能力、分析研究的能力，努力提高业务素质。比如我们每年举办一至两期基层统计人员学习班，对基层统计人员进行专业知识和计算机知识的培训。在业务培训的同时，强化依法统计，实事求是，不出假数的职业道德教育，开拓大家的知识视野，鼓励理论结合实际，创造性地开展统计工作。

我们还鼓励边学边用，学用结合，努力提高写作水平。统计调查是为了摸清事实，而要精彩地传达事实则需要有好的文笔。苦练内功提高业务素质，这是一个硬功夫。这方面局里分层次对写作任务进行量化并下达硬性指标任务，同时采取奖励措施，激发大家写作热情。一分耕耘一分收获，现在大部分统计员都具有一定的写作水平，每年都能为领导决策提供1—2篇有价值的分析报告和信息资料。

第二，坚持有为才有位，充分发挥统计职能作用。随着社会经济的发展，统计工作已成为各级领导了解情况、把握形势、制定决策、推动经济社会发展的重要基础。对统计人来说，抓住这个机遇，强化职能作用，有所作为才能充分提升地位。

我们在统计报表客观准确地上报各种统计数据上狠下功夫。我县有专业报表30多个，内容810多项，起报单位600多个，加上每年都有大型的普查任务和抽样调查任务，工作繁重可想而知。保质保量，我们以提高统计数据质量为中心，严格执行统计制度，把统计数据质量控制工作关口前移，加强企业统计基础建设，强化企业统计力量，及时推进规范化达标验收工作，加强以规范原始记录、台账建设和规范化管理为重点的企业统计基础工作建设，采取报表报送双签制等措施，使统计报表质量有了较大的提高。

我们深入调查研究，当好领导参谋。为全面了解基层情况，局领导分乡包干，带领乡镇统计员对社情民意、社会热点问题、党政领导最关心的问题、群众反映最强烈的问题，开展调查分析。力求党政领导决策有什么需求，统计工作就提供什么服务。以当好领导参谋、服好务为己任，努力成为当地党和政府实施管理的得力助手。

我们不断加大统计执法力度，强化权力制约措施。统计监督是统计工作的重要职能。针对部分企业不愿意报表，怕麻烦、怕露富以致出现的迟报、瞒报、漏报现象，我们会同有关部门有的放矢地进行了执法检查，对有统计违法现象的单位给予警告和处罚，有效地提高了统计执法的权威性和统计数据的准确性。

第三，强化基层统计工作，夯实统计基础。俗话说“基础不牢，地动山摇”，我们把打好基础作为苦练内功的要务来抓。

为此，我们积极争取省局和县财政的支持，彻底扭转了长期以来的手工操作带来的时速慢、效率低的工作局面。现在全县26个乡镇都已建立了统计办公室，配备了统计人员，建立了统计台账，购置了微机电脑和激光打印机，开通了市、县统计专线网，正在努力实现市、县、乡三级统计网络互联互通。

基础工作功在今天，利在长远。针对目前部分乡镇领导和部门领导对统计工作、统计人员不够关心，导致统计人员工作热情不高，责任感和事业心缺乏，迟报、漏报、缺报的现象时有发生的情况，我们及时向领导汇报，引起领导高度重视，决定把统计业务工作纳入全县文明目标管理考核的主要内容，并将县统计局列入乡镇和县直各部门文明考核领导小组成员单位。这如同为乡镇和县直单位迟报、漏报、少报现象戴上了一道紧箍咒，有力地促进了这种情况的改善。

练好内功是统计与时俱进的根本保证和强大推动，这是我们的实践、是我们的感受，我们将一如既往地坚持下去。

新的认识新的理解

魏孟伟 // 山西省代县统计局局长

2012年4月10日，我参加了国家统计局在重庆举办的第24期县级统计局长培训班。这次陪训，我感受很深，收获颇丰。领导和专家们对统计方法制度、国民经济核算体系、统计指标体系、统计调查方法、统计制度管理等统计知识深入浅出的讲解和高屋建瓴的指导，使我对现行统计方法制度有了科学的理解和全面的掌握。同时对统计改革思路、一套表统计改革方案、统计数据处理平台、联网直报、统计法制建设、领导能力和水平有了新的认识和新的理解。

一、要在加强学习统计专业知识上下功夫。通过这次培训，我学到了许多非常实用的知识和道理，理论水平、业务素质有了较大提高。回去以后我要把我们统计局建设成学习型机关，通过创建学习模式和激励机制，引导基层统计干部加强政治理论和统计业务知识学习，提高全体职工的自身素质，同时，要加大职工在学习培训方面的投入，增强职工的业务水平与创新意识，结合实际，提高统计服务能力。

二、要在提高统计服务水平和提升统计服务能力上下功夫。通过学习，我深刻感到现在各级党政部门依法行政水平不断提高，社会公众对经济发展更加关注的新形势下，统计服务的超前性、主动性、针对性和及时性是一个亟待解决的问题。为此，我们基层统计单位应该加强复合型人才的培养和现有资源的整合，要为能力强、素质高、乐于奉献、勇于创新的统计工作者创造施展才华的条件和环境；要建立和完善激励机制，以科学而诚信的制度鼓励基层统计人员创造性地开展工作；要切实提高统计服务水平，提升统计服务能力。现有统计服务已不能完全满足社会公众需求，需努力开发统计新产品，拓宽统计新视野，开创统计新局面。

三、要在提高统计数据质量上下功夫。在培训学习中，一个很大收获是数据质量大为强化。统计数据质量是统计工作的生命线，近年统计数据频频遭到社会各界的质疑，这提示我们数据质量举足轻重，万万不可掉以轻心。提高数据质量，要进一步加强统计基层基础能力建设，强化统计人员数据质量意识，建立健全统计数据质量评估体系，加大基层统计培训力度，规范统计行为，提高统计工作透明度和公信力，加强统计执法检查，确保源头数据真实、准确，经得起考验，为党政领导决策提供优质、准确的服务。

通过这次培训学习，我也深深感到自己在统计工作方面存在的不足，所以在以后的工作中要不断充电，不断加强自身和机关的学习，使我们的学习成为可持续发展的学习，成为不断进步的学习。

推进“四大工程”

刘志世 // 山西省五台县统计局局长

2012年的春天，有机会参加了在深圳举办的全国第23期县级统计局长培训班。7天的培训学习，我感受很深，颇受教育，进一步开拓了视野、更新了观念，并明确了新形势下我们推进“四大工程”建设、提高统计工作能力要从哪些方面努力。

我们觉得，一是要加强统计基础，建设基层学习型统计机关。我局已经在各乡镇设立了统计机构，配备了专职统计人员，接下去要继续强化乡镇统计队伍建设，让乡镇统计人员在良好的用人环境中发挥更大的作用。二是要进一步抓好乡镇统计制度建设，建立健全乡镇统计调研制度、乡镇统计数据评估与统计分析制度、乡镇统计信息反馈与统计公报发布制度。三是要加强乡镇统计业务培训工作，探索建立乡镇统计跨越式业务培训机制，开展好统计从业资格认定工作，为全县统计人员创造更多的培训机会。加强基层学习型统计机关建设，是加快“四大工程”建设的一个非常重要的抓手。我们要继续坚持学以致用的原则，增强业务学习的自觉性和紧迫性，加强新时期统计业务学习，切实学懂弄通国家有关调查方案、指标解释和处理程序，明确各项调查的重点和难点，有针对性和预见性地开展工作。

面对目前统计的中心工作，我们觉得要紧紧围绕建设“四大工程”，加强基层统计执行力建设。建设统计“四大工程”，是提高基层统计数据质量的关键。对此我们一要积极争取地方党政对统计这项工作的重视和支持；二要增强创新意识和超前意识，鼓励基层统计人员在实践中创新，把省市的决策部署与基层统计工作实际结合起来并创造性地开展工作，切实提高基层统计把握政策的领悟力、经济社会发展的观察力以及对热点问题的辩证思维力；三要进一步加强基层统计调研力的培养，切实提高基层统计调研报告的真实性、可读性和公众认可性；四要加强部门协调力培养，加强与工商、税务、编办和民政等部门的沟通与协调，确保填报单位的真实性；五要通过建设联网直报系统，进一步完善国家对源头统计数据的集中管理，确保各级统计机构同时获得调查对象报送的原始数据。

这次培训对我们推进统计“四大工程”建设是一场及时雨，非常及时，非常关键。借此东风，我们一定乘势而上，使工作更上一层楼。

四个加强和四个提高

杨玉才 // 山东省临邑县统计局局长

近年来,我们临邑县统计工作以科学发展观为指导，大胆转变工作理念，创新工作模式，总结出“四个加强、四个提高”的工作模式。

一、加强统计法制建设，提高统计执法水平。

统计执法是统计工作的重要一环。我们针对数据瞒报、漏报、迟报、拒报时有发生的现象，以及有些统计调查对象不参加有关统计活动和不配合统计工作的现象，强化执法建设不放松，围绕依法治统创造性地开展工作，促进统计事业健康发展。我们针对自己在统计执法检查工作中执法水平偏低、不敢执法、不善执法等问题，从四个方面着力改善和加强工作：一是健全全县统计执法机构，成立临邑县统计局统计执法大队，配备专职人员搞好统计执法工作；二是加强统计执法人员培训，提高依法行政能力，完成了统计执法依据，梳理执法职权分解、执法责任的确认工作；三是加大日常统计稽查力度，以重点检查与全面监控为手段，在严肃处理统计违法案件中树权威，从而使统计执法工作步入经常化、规范化的轨道；四是实行“一线、一片、一网、一站”的工作模式——“一线”指统计工作安排部署到一线、任务落实到一线、工作措施到一线、执法检查到一线。“一片”指建立领导联系重点乡镇、重点巡查制度，定期或不定期对经济运行情况进行监测评估。“一网”是建立和开通“临邑县统计信息网”。“一站”是建立规范化乡镇统计站，确保乡镇统计站机构、人员、经费三落实；五是结合全县普法工作，深入扎实地开展统计普法，争取把统计法律法规列入全县普法范围。

二、加强统计服务意识、提高统计服务水平。

树立大服务意识，讲求服务质量，丰富服务内容，增加服务形式，充分发挥统计的基本功能。一是大力开展基层基础建设年活动，认真贯彻国家省市县有关文件精神，按照上级要求，大中型企事业单位建立综合统计机构，配备专职统计员；企业集团及下属部门、单位配备与统计工作相适应的统计机构；小型企事业单位设置专（兼）职统计员，行政村也配备了专（兼）职统计员，规模以下企业、农村住户样本村配齐了辅助调查员。二是在搞好专业资料搜集的同时，重点搜集部门资料，制发部门报表，强化部门统计工作。三是编印月度统计资料和统计年鉴等重要统计资料，为县委、政府领导决策提供了优质的信息服务，为社会各界研究临邑、开发临邑、建设临邑提供统计资料。

三、加强统计调查研究、提高统计分析水平。

加强统计调查研究是了解真实情况、提高统计数据质量和统计分析研究水平的重要前提。随着新农村建设步伐的加快，经济运行将会面临诸多新情况、新问题，这些需通过加强调查研究来解决。一是加大统计调查研究的力度，按照上级确定的调研课题，督促每位统计干部围绕农民增收，工业经济对财政收入的贡献率、透过经普看临邑个体经济的发展、如何提高农民人均收入等群众关心和关注的问题确定自己的课题，今年调研课题正在有条不紊地进行中。二是树立一手抓统计数据质量，一手抓统计员撰写精品分析报告的思路。摒弃统计分析数据翻版和统计分析质量低的问题，以目标考核的方式督促各专业人员每年根据统计工作的重点和一些事关经济社会发展全局的重点问题，列出自己分析研究的课题，制定调查研究计划，及时抓住不同时期经济运行的新特点，准确把握和判断经济运行的特征和走势，并做好经济运行监测、调查分析工作。这样既是对大家工作的认可、鼓励和鞭策，又为县委、政府的决策提供了参考依据。

四、加强统计文化建设、提高统计干部综合业务水平。

加强统计文化建设是一项很重要的工作。这方面我们一是紧紧围绕优化经济发展环境，以争创文明机关为目标，加强机关建设，成立创建文明单位领导小组，制定实施方案，明确工作进度和目标要求，积极开展争创文明系统、文明单位、文明科室、文明职工活动。二是以统计文化建设促进文明机关建设。在全县统计系统倡导以“诚实、服务”为核心理念的临邑统计文化理念体系，积极推行政务公开和服务承诺。三是督促广大统计工作人员增强学习意识、创新意识、服务意识、责任意识，并通过开展“一心为民、科学发展”等教育活动，加强统计人员的思想教育、职业道德教育。还有为强化调查户的记账意识和责任意识，我们组织相关农经调查户召开了“全县农村住户调查工作会议”和农村调查户座谈会，通过提高记账户的认识和记账能力，调动了记账户记账的自觉性和主动性。

“四个加强、四个提高”是我们对自己过去工作的一个回顾和总结，我们深知，要可持续发展，要与时俱进，“四个加强、四个提高”就必须在新的实践中更加“加强”，更加“提高”。

在夯实基础中与时俱进

杨竹君 // 贵州省开阳县统计局局长

近年来，我局在抓好常规统计工作的前提下，紧紧围绕“提高数据质量”这个中心，狠抓统计基础工作。通过加强队伍建设，规范统计渠道，强化统计管理，优化统计服务，充分发挥统计工作在县域经济社会中的信息、咨询、监督和调控作用，取得了很好的成效。我们的基本做法是：

一、加强队伍建设，规范统计渠道。一是加强乡镇综合统计工作。通过积极争取，我县统计基础建设得到县委、县政府的高度重视，县编委出台文件，对乡镇统计工作的职责和人员配备作了明确的规定。二是加强对统计业务人员的培训。目前，我县乡镇和县直部门专（兼）职统计人员中，持证上岗率达到90%以上。三是合理界定政府综合统计与部门统计的职能，进行统计报表归位，全县统计工作切实做到了任务落实、职责分明。

二、严格管理，确保统计工作顺利运转。一是充分利用行政手段将统计工作和重大国情国力调查工作目标考核的内容，对凡不按规定设立统计机构，配备统计人员和统计报表出现迟报、错报的单位，一律要扣减县政府对部门年终综合目标考核得分。二是县政府专门下发文件，对各乡镇、各部门统计基础工作和数据采集、汇总、审核、上报提出明确要求。三是加强检查监督，按季对各乡镇各部门报送统计报表的情况进行了清理并通报，自2003年以来，我县查处了8家统计违法单位，处以罚款5.8万元，切实维护统计工作的严肃性。

三、突出重点、狠抓源头，保证统计数据质量。一是走出去调查。我们采取全面调查和个别调查相结合的方式，经常深入到企业和重点项目调查了解情况，随时掌握第一手数据，变“固定”统计为“动态”统计，变“等你报”为“要你报”。近几年来，我们的很多干部走出去，蹲单位暗访摸清实情，并注意从各种媒体、广告中获取信息，从而使宏观统计数据更全面了，对经济发展的底数更清楚了。二是拓宽统计领域。随着我县旅游业的发展，乡村旅游正逐渐兴起。2004年，我局会同旅游局联合发文，将全县的旅游企业、旅游接待点、农家乐、旅行社等纳入了旅游统计范围，进行了全面统计，摸清了底数。三是集中有限的人力财力切实加强政府统计的重点和薄弱环节。对于由部门搜集、汇总报送的主要统计数据，我局认真履行质量反关职责，使综合统计工作和部门统计工作始终围绕提高统计质量这个中心运行。

四、优化服务，充分发挥统计工作的作用。一是坚持按月编印《开阳经济要情》，定时向领导提供其内容，除常规进度统计主要指标外，还重点收集了财政金融、文教卫生、社会保障、可持续发展等方面的内容，实用性不断提高。二是深入开展经济形势综合分析，提供领导进行决策参考。三是及时提供捕捉经济社会运行的热点难点，认真进行调查研究。近3年来，我局完成了《开阳经济竞争力分析》等专题调研报告15篇，得到县领导的好评。

五、有效监督，提升统计工作的地位和影响。在实施统计监督过程中，我局一是狠抓目标管理，不仅全面参与了县委、县政府对各部门、各乡镇的目标制定和考核，严格统计数据的审核把关，还把统计工作列入了政府目标考核内容。二是组织开展乡镇经济发展综合评价考核，科学评判乡镇工作业绩。

六、改善条件，为搞好统计工作提供有力保障。为了给统计工作创造良好的外部环境和条件，县政府对开展常规统计业务、普查和专项调查所需经费纳入财政预算，并逐年解决了电脑、打印机、复印机、投影仪、刻录机、摄像机等专用设备。随着统计工作环境的优化和条件的改善，全局干部职工精神状态、思想状态、工作状态进一步好转，战斗力明显增强。为推动各项工作的顺利开展提供了强有力的保障。

总结经验，分析问题，我们也感到实际工作中，还有很多困扰，比如：统计力量与统计任务的矛盾日益突出，统计制度还有很多不适应目前经济体制的地方，管理体制尚有不顺导致工作较为被动，工作经费短缺影响工作开展，基层报表多负担重现象依然存在等等。当然这是前进中的问题，相信问题一定会在前进中得到更好的解决。

我们的思路和做法

陈敬银 // 江西省安义县统计局局长

我是从县委宣传部副部长岗位调任统计局局长的。虽然我曾在经贸委工作了一段时间，熟悉经济工作，做过工业统计，但作为一名统计新兵，我仍然倍感责任和压力。经过一段时间的努力学习和实践，我较快地熟悉了统计业务，并通过深入了解我县统计工作实际情况，提出了一些新思路、开展了一些新工作。

一、加强学习，提高素质。在广大干部中倡导提高思想、业务两种素质，表达、协调两种能力。提高思想素质就是要使干部树立爱岗敬业，甘于清贫、耐住寂寞的思想品质。提高业务素质，就是把统计局当作一个熟悉各项经济工作的平台，通过做好、做精本职工作，全面熟悉全县各项经济工作的主要脉络。提高表达能力，就是要提高文字、语言表达能力，通过撰写统计分析、专题调研分析文章，提高干部的文字表达能力，通过举办统计分析、专题调研交流会等形式，提高干部的语言表达能力。提高协调能力，就是要在提高思想、业务素质、文字、语言表达能力的基础上掌握处理事务的程序和道理，从而达到良好的沟通、协调能力。

二、激活思想，激发干劲。基层统计干部是长期在统计岗位工作、有着丰富经验，或是经过全市统一考试、考核录用的大中专毕业生，是一支高素质的队伍。但是，由于统计工作的性质主要是在办公室收集、整理数据资料，与外界接触沟通较少，因而思想上很难做到与时俱进，从而使统计干部存在着政治上无前途、经济上无利益的思想。针对上述情况，我把激活干部思想作为首要的、长期的工作任务。在干部中牢固树立“有为就有位”、“跳出统计做统计”的思想，同时争取各方支持重视，切实改变和提高干部的经济和政治待遇，充分调动、激发干部的工作主动性、积极性。

三、围绕大局，提升工作。基层统计工作要围绕上级业务部门的统一部署和县委、县政府的中心工作，牢固树立创一流工作业绩的理念，履行职责，加快工作节奏，在做好定报、大型普查、专项调查的同时，做好统计分析、专题调研两篇文章。发挥各种形式的载体作用，及时将县域经济社会的各项指标、发展趋势形成分析文章，结合我县中心工作、重点领域，组织课题调研及时形成的调研文章，报送上级政府部门，为领导决策提供参考依据，并借此宣传基层统计及其干部的工作，把其作为统计员展示才华的园地。尝试跳出政府统计的门坎，拓展统计范围，完善统计为社会服务的功能。

四、铸造精神，确立方向。大力实施统计“三四五”工程，铸造我县统计精神，确立我县统计工作的方向。全局工作开展要围绕“加强学习，提高素质”、“搅动思想，激发干劲”、“围绕大局，提升工作”三个中心，统计干部要树立“有为就有位”、“苦中有乐”、“跳出统计做统计”、“统计就是宣传”的四大理念，重点要推进五方面的工作：一是健全统计报表制度，二是加强统计分析调研，三是精心组织大型普查和专项调查，四是创建统计宣传平台，五是拓展社会统计新领域。同时争取各方支持与重视，切实改变和提高干部的经济和政治待遇，充分调动、激发干部的工作积极性、主动性。

五、加强管理，开拓创新。制定局机关和各乡镇统计机构职责，明确职责与分工；建立健全各项统计制度，加强县统计局机关内部建设，完善管理制度；创新统计制度方法，理顺部门关系，提高统计部门的地位；努力推进统计基础建设，使县、乡镇统计部门形成统一战斗体；加强统计法制建设，提高执法水平，坚决查处和制止统计违法行为，树立《统计法》的权威；大力做好统计宣传工作，积极开拓信息发布的新形式；不断开创社会统计新领域，对社会关注的重点、热点、难点问题进行专题调研，在贴近人民生活，引导人民生产、生活和消费上下功夫。

以“三个注重”提高工作水平

刘老徐 // 江西省南昌市东湖区统计局局长

我们在工作中以“三个注重”为定位、为导向，为促进、为规范，努力提升统计服务的水平。

第一个注重是，注重形成好的工作机制，积极推进基层规范化建设，用制度管人管事。近年来，我局始终坚持以统计基础工作规范化管理为目标，以制度建设为抓手，以出真实数据为共识，在打牢基础、内强素质等方面着力下功夫。我们着力建立健全统计工作制度，实现了从“人管人”到“制度管人”奠定了坚实的基础，使各专业工作更加规范。完善了统计资料的档案管理。曾组织专门力量对历年各类资料进行了一次大规模的整理建档，被省档案局授予“2007年度江西省机关档案工作规范化管理省二级合格单位”。建立起良好的工作联系机制和稳定的业务联系，定期到报表单位进行走访，了解报表单位的情况，提供业务咨询；以开展统计基层单位规范化达标创建活动为抓手，着力推进在地统计规范实施年活动，确保统计资料“数出有源，数出有据”。建立“三审核评估制”，实行层

级负责制，各负其责，层层把关，确保数据真实准确，

第二个注重是，注重主动对接区域经济社会发展需要，提高统计数据质量与服务水平。这方面的工作，体现在统计产品“多”，统计分析文章“优”，统计服务方式“新”。统计产品开发是体现统计队伍素质和工作成效的标尺。近年来，我局不断创新推出统计产品并及时送达领导手中，为政府决策提供相应的数据信息服务。优秀统计文章的不断推出，是统计工作的重要成效之一。我局围绕经济运行、社会发展、统计工作中出现的新情况和“热点”、“难点”问题，及时进行专项统计调查，并形成的一些有档次、有深度、有指导意义的调研文章，为领导决策提供服务。在统计服务方式的改变方面，我们从切实履行统计监测和监督职能的角度出发，在预警经济运行和社会发展方面发挥更大的作用，重点实现了两个转变：一是由提供经济运行统计信息为主向提供经济运行统计信息、社会发展统计信息并重转变，二是由提供事后统计信息为主向提供事后统计信息与预警统计信息相结合转变。

第三个注重是，注重人员综合素质的教育培养，创优秀统计人才队伍。我们重视理论专业学习，每年都对理论学习和专业知识作出学习安排，不仅派人参加省、市各类专业学习班还鼓励干部职工自学深造，对通过考试获得证书的同志给予一定的奖励。所以全局形成了人人思学习，比学习的大好局面。我们还通过“整顿五风，提高能力，促进发展”、“共建和谐统计理论”等活动，树新风，变新貌，调动干部工作热情，强化责任意识。在这些工作的机理和推动下，

全局有8人取得了统计师资格，有3人取得“调查分析师证书”，12人通过英语职称考试，并先后有4人提拔到区中层领导岗位。在全局形成了“想干事的有动力、不干事的有压力、会干事的受奖励”的局面。

三种意识和四个关口

张加良 // 湖南省湘乡市统计局局长

政府统计部门承担着其他部门难以替代的决策参谋、调查分析、监督预测、咨询服务、综合协调的重要职责。职责的履行离不开统计数据，而统计数据质量直接影响职责履行与效果。如何提高统计质量，全面履行政府统计职责？笔者觉得应该强化“三种意识”，严把“四个关口”。

增强三种意识:

一、危机意识。统计数据的用途已由为制定计划服务，发展到满足经济社会对统计数据的多种需求。这样，质量如何就非常引人关注。在我市2006年的人民代表大会上，不少代表对全市GDP等统计数据提出了质疑，给统计质量敲响了警钟。警示我们应该看到目前统计工作存在的不可忽视的问题：一是双重领导的统计管理体制，难以形成对统计质量控制的合力。二是统计制度方法不够科学完善，计划经济形成的报表体系、指标体系很多已不适应科学发展观的需要。三是县级以上统计机构职能定位不明显，统计局既是业务部门，又是管理部门，质量控制乏力。四是统计局内部各专业数据之间不协调，统计局与各部门数据不一致，“数出多门”；五是统计基层基础比较薄弱，统计质量缺乏相应的制度保障；六是不少单位领导统计法制意识淡薄，对人为干扰统计，虚报、瞒报、伪造、篡改统计数据的个人制约不力。这些问题如不解决，不仅影响政府统计形象，同时还将影响整个统计事业的发展。我们要正视现实，增强对统计危机感的认识。

二、质量意识。真实性是统计工作的生命和永恒的主题。树立质量意识，关键是要正确把握统计数据质量的“核心质量”，从而提高对统计质量的责任感和紧迫感。“核心质量”包括两个最基本的要求，即真实性和时效性。真实性是统计质量的根本，关系到统计数据的价值和社会的认同，而时效性是统计数据质量的活力之源，关系到统计数据的运用效力和统计服务质量。质量意识要体现严格执行统计法律法规和科学的统计制度方法，不断完善统计质量控制体系，以铁的手腕狠抓质量，以过硬的措施促进质量，把统计质量建设作为解决统计根本问题狠抓落实。

三、监控意识。统计监督是《统计法》赋予政府统计的职权，统计部门应有强烈的监控意识。现在，行政干预干扰统计工作屡见不鲜，有的地方少数领导干部背离实事求是原则，好大喜功，定计划盲目追求高指标，下达考核指标层层加码，结果下级在难以完成这些高指标时，往往用计划数据顶替实际数，致使统计数据失真。有的地方领导甚至直接干预统计数据，指使或授意调查对象与统计人员修改统计数据，弄虚作假骗取政绩与荣誉。这些现象的存在与统计监控缺位或乏力直接相关，给少数弄虚作假、以数谋私者可乘之机。对此，统计部门必须加大统计监控力度，维护统计秩序，切实履行统计监控职权。

严把四个关口：

一、基层填报单位不报假数。基层统计数据质量是整个统计数据质量的基础。把住统计数据源头质量，要切实解决三个问题：要配备有一定文化素质和职业道德且工作责任心强的统计人员；要详尽宣讲告知国家统计制度方法，使相关统计业务人员知晓怎样准确填报统计报表；要建立统计原始记录和统计台账，统计人员在填报报表时应进行对比分析，减少随意性和盲目性。

二、主管部门不出假数。现在一个县（市）都有上千家统计基本单位，其统计报表通过主管部门汇总报送统计局，主管部门汇集下属单位统计报表，虽然能够理顺基层统计关系，减少统计局的工作量，但存在一些弊端和问题。最突出的问题是主管部门往往是各种考核的主要考核对象，为完成考核目标，导致一些主管部门在报表上打主意，代替基层单位填报报表或授意基层统计员报数据，报表质量可想而知，要解决这一问题，必须采取双管齐下的制约办法防止主管部门出假数。一是凡主管部门向统计部门报表时，必须附有基层单位上报的符合报表报送程序的原始报表；二是推行统计局与有关部门统计联审制度，共同把关统计质量。

三、统计部门不用假数。统计局这个庞大的数据库，对确保统计质量起着至关重要的作用。必须采取全程的统计质量控制措施，把不实之数拒之门外。对统计调查、数据收集、统计核算、统计分析、统计报告、统计服务、统计监督等各个环节都要统筹兼顾，相互制约，系统优化。

四、对外提供排除假数。现在各种考核及地方政府和部门向上级申报项目和项目建设验收所涉及的统计数据，都要通过统计局审查或评估。说情，领导打招呼或通过熟人关系要求统计局认同其数据是常有的事。面对这种情况，统计部门要坚持原则。多年来，我们严格按照《对外提供（认定）统计数据管理办法》严格执行“三不准”：凡各部门向上级申报材料涉及统计数据而无原始统计报表不受理；有关部门领导未签字的不受理；数据与统计局的数据不一致的不受理。

“三种能力”在提升

王兆云 // 江苏省阜宁县统计局副局长

2012年4月，我有幸参加国家统计局在重庆举办的第24期县级局队主要负责人培训班。回想起这段学习培训，虽然时间较短，但收获很大。我们学到了很多统计工作的新知识，了解到统计工作发展的新趋势，开阔了工作视野，更新了很多观念，结识了各地朋友，交流了工作体会。

回到工作岗位，把学习内容应用于实践，我更感到这次学习“充电”作用很大。特别是“三种能力”的提升，让我感到欣喜。

——提升了沟通协调能力。以往，统计工作主要是基层统计对象定期报送统计资料，县统计局做好数据汇总、审核、上报和分析工作。由于调查任务多、人手少以及思想认识上的原因，统计部门不重视与部门的沟通合作。通过学习提高，我认识到要做好新形势下的统计工作，必须拓宽视野，增进外部联系，形成搞好统计工作的合力。例如，针对批零贸易和住宿餐饮业统计、其他服务业统计调查单位面广量大、类型复杂、企业配合程度差的状况，我积极与新闻广电部门联系，加大宣传解释力度，提高企业的知晓率；通过政府服务业联席会议等渠道与地税、国税、工商、商务、卫生、各镇区保持良好的合作关系，利用各方面形成的合力来保证让各种类型的服务业企业执行统计方法制度，主动报送各种统计资料。

——提升了超前谋划能力。随着经济社会的发展，各级党政领导、各种经济组织和广大群众越来越离不开统计工作。这既为做好统计工作带来机遇，同时也给统计工作带来压力。如何化挑战为发展机遇，我体会到，必须超前思考，从大局着眼，在小事着手。平时，我比较注意研究县委、县政府年度工作要点和上级统计工作计划以及当前群众关心的问题，有针对性地提出相关建议，为领导咨询服务，为企业发展服务，为群众需求服务。比如我局就有关文明城市验收工作提出建议，县委对此给予肯定，并颁发了创建功臣单位奖牌。还有在我县全面小康申请验收之年，我局提出的强化小康验收环节建议得到了县里的采纳。

——提升了解决难点能力。统计“四大工程”建设涉及企业较多，但难点在服务业企业。对此，我局狠抓基层统计人员培训，为使基层人员听得懂、会操作、能分析，我带领专业人员深入各镇区、企业，督查企业直报情况，保证直报数据的真实性。这些举措有效解决了服务业企业“难上报”、“不会报”、“报不好”问题，在全市率先完成联网直报，实现了数据平稳过渡。

“做”与“管”

史立峰 // 江苏省溧阳市统计局局长

培训，作为一种学习方式，是提高个人素质的最直接最有效手段。2011年我有幸参加了国家统计局在重庆举办的第24期县级统计局和调查队主要负责人培训班。这次培训班时间虽然很短，但收获很大。现在，静下心来回味、总结和反思，更加感到受益很大。

我1984年参加工作，从事统计工作近30年了。从不懂世事的青年到已近“知天命”的中年，我亲身经历了统计事业的发展变化。随着经济的快速发展，社会对统计的关注度越来越高，各级政府对数据的需求也越来越大。有人打比方说：群众是“有困难找警察”，领导是“有数据找统计”。作为基层统计工作者，对此我倍感自豪，也深感责任重大。

现在，基层统计工作量的增幅可以说与社会经济总量增幅同步。记得培训中授课老师曾讲到，国家统计局指标库中的指标数从“千”发展到“万”，而县及县以下基层统计力量却相对弱化。基层统计工作者面对日趋增多的日常统计业务、各类普查和各种调查，同时还有来自社会各方面的工作，大有应接不暇之感。比如20世纪80年代，我们溧阳从事第一产业统计的有9人，涉及农村住户、农产量调查、农村经济调查和大农业统计四大专业。而如今，编制从9个减为7个，而专业却从原来3个发展到10多个。镇农业统计也从原来的40个减为现在10个。

如何破解工作量与工作力量的矛盾？我有个不成熟的想法：统计属于宏观范畴，最初是作为政治算术出现的，在当前社会主义市场经济不断发展的前提下，统计可以也应该从“做”逐步转变为“管”，应该更多地从宏观层面来考虑，更多地从整个社会经济数据管理的大局层面考虑。例如：在工业统计领域，有些数据能否可以直接取自部门统计呢？毕竟这些部门统计的人财物要比统计部门多，对企业相关管理网络也比较完善，只要切实保障好统计管理权，有限利用行政记录，避免无效重复的统计劳动，就可以减轻基层统计负担。既“管”也“做”，但少“做”多“管”，对破解工作量与工作力量的矛盾也许会有所帮助。

果实

赵建文// 山西省阳泉市郊区统计局局长

2012年3月28日至4月1日，我有幸参加了国家统计局第23期县级统计局负责人培训班。与统计同行相聚在改革开放的先行城市——深圳，聆听了国家统计局领导和专家的授课，时间虽短，却收获很大，可以说果实累累。

一、开阔了视野。为期五天的学习，零距离接触到国家前辈、教授、专家及讲师精彩的讲授和解读，从思想上进一步明确了我国统计几十年来所取得的来之不易的辉煌业绩，深刻领会到国家统计实施的发展战略、精神实质和科学内涵，极大地开阔了眼界，丰富了知识，增长了见识。

二、转变了观念。观念决定思路，思路决定出路。基层工作虽然多年，但传统的、陈旧的、保守的、被动的成因仍长期存在。工作搞的是老方法，决策走的是老套路，管理用的是旧机制。这次学习，使我认识到自己工作中存在的不足，源于缺乏接受高层教育，缺少广泛交流，可供指导实践的方法、理论较少。通过培训，特别使我懂得了现阶段统计运行体制改革的紧迫性和必然性。

三、武装了头脑。国家局推行“工程”建设方针是我们工作的行动纲领，是我们开拓创新、与时俱进的前进号角。本次学习，难得在繁杂的基层统计工作事务中抽身出来，亲身接受领导、专家、教授的知识熏陶，了解辩证统一的理论与实践的关系、内因与外因的关系、建设与发展的关系。通过学习思考，对照自己的工作实际，深感欠缺颇多，差距很大。

四、坚定了信念。信念是一个人的灵魂。有了坚定的信念，就没有攻不破的难关。这次学习使我更加理解了精神内涵，战略实质，增强了贯彻好、执行好、落实好各项统计工作的决心和信心，提高了克服困难、加快发展的能力。要以这次学习为契机，决不辜负党和人民的重托、组织的信任，全身心地投入工作，把学到的、听到的和想到的，运用到今后工作中去，为我区的统计发展事业，再展智慧，再创业绩。

五、强化了责任意识。从媒体、大众对统计的质疑中，我强烈感受到统计工作的重要，统计在服务科学发展方面的地位举足轻重。因此，我们更需要强化忠诚统计、致力统计的信心意识，立足本职，脚踏实地，刻苦经营统计事业，统计的未来才会更加精彩。

六、强化了创新意识。作为一个基层统计领导者，应该有强烈的探索意识、创新意识。在新的历史时期，应该清醒认识到，按照科学发展观的要求，把当前统计工作存在的诸多不适应，通过加大力度推进改革来转变。要在工作中勤于思考，在保质保量完成工作任务的同时，群策群力，积极应对，有所作为，敢负责，敢担当，在加快统计改革和发展当中，做好工作，干出成绩。

七、强化了学习意识。学习是市场经济时代更新知识、提高自身素质、提高自己领头雁能力的需要，是保证自己在工作中实现自我价值与社会价值的需要。要树立“活到老、学到老”、“终身学习”的理念，使学习成为工作中不可或缺的重要部分，培养“工作中学习，学习中工作”的自觉行为。把队伍带进“比学习、勤钻研、常思考、多交流”的环境氛围当中。形成以上网学习、系统交流、参加上级部门组织的培训等为主要形式的多渠道学习体系。

八、强化了执行意识。强化执行，简单地说，就是要在制定目标任务后，采用保障措施、责任追究手段，不折不扣，一抓到底，保质保量完成工作任务。它的强弱，直接关系到领导班子的凝聚力、号召力、战斗力，关系到领导决策意图能否实现。要提高执行力，转变态度是关键，我们要从“要我干”向“我要干”转变。“我要干”是主动执行的表现，主动工作才会提高我们的执行力。要把工作标准调整到最高，精神状态调整到最佳。

如何提高统计数据质量

张惠芳 // 河北省鹿泉市统计局局长

统计数据是科学决策的基础，提高统计数据质量上关国家决策的成败，下连亿万百姓的利益。作为县级统计部门，如何提高统计数据质量，如何对统计数据进行有效而科学的评估和管理？结合实际谈想法，我认为提高统计数据质量要从以下五方面入手。

第一，加强统计队伍建设。提高数据质量，归根到底要从源头抓起。我国政府统计体系的特点是，基础数据大部分来源于县级统计局，而国家、省、市三级主要是对数据进行汇总。县级统计局是政府统计体系的源头，是国家和省有关统计法律法规以及方法制度的具体实施机构，是统计数据采集、加工和监督管理的关键环节，抓好县级统计队伍建设是提高数据质量的源头。近年来，我市（县级市）在统计队伍建设上取得长足进步。市统计局在职人员达到34人，其中大专以上学历28人。统计信息化水平稳步提高，计算机人手1台，建成了统计网站，实现了县乡联网。各乡镇都组建了统计站，配备了2至4

名专职统计员，统计站实现了“五有”，即有牌子、有公章、有房子、有人员、有机子。企事业单位和村委会都配备了兼职统计员。市统计局每年培训全市统计人员1次以上。正是有了一支人员到位、素质高、作风硬的统计队伍，我市统计数据质量稳步提高。国家统计局工业司、综合司到我市检查数据质量时，给予了“基础扎实、数据可信”的评价。

第二，建立统计数据质量控制体系。全面的统计过程质量控制，是提高统计数据质量的有力保障。近年来，我市牢牢把握“数据质量”这一生命线，致力于构建事前、事中、事后全过程的质量控制体系。一是制定了《鹿泉市统计工作规范》，从数据的采集、加工，到审核、上报、考核；从统计报表、台账管理到数据的使用，都建立了一套适用、规范、有序、可操作的岗位工作规范，使数据质量控制措施贯穿到统计工作的各个方面、各个环节。二是实施了“三查一建”工作制度。我们结合石家庄市要求，建立了《鹿泉市“三查一建”工作制度》，即“查漏统错统、查统计数据档案管理、查指标数据逻辑衔接关系，建立数据质量内审预控制度”，有效实现了各专业数据的横向协调和历史数据的纵向衔接，建立起维护统计数据质量和权威的组织和技术基础。三是建立了数据质量责任制。我市建立了分级数据质量责任制，实行了全程全员数据质量管理，将数据质量落实到岗，明确到人，形成了上下齐抓、内外结合、层层把关、人人有责任的数据质量责任制，做到了统计数据“不评估不上报，上级不反馈下级不公布使用”。

第三，积极推进统计改革。重要的是抓好统计体制和制度方法两项改革。要在继续完善调查队管理体制改革的基础上，进一步完善地方各级统计局的管理体制改革，真正建立一个科学、权威、高效的统计管理体制。关于制度方法改革，一是要逐步减少全面调查，推广抽样调查技术；二是要区分国家统计制度和地方统计制度，国家统计制度主要收集国家基本信息的制度，地方统计制度主要满足地方党政领导和社会公众的统计需求；三是要不断推出新的统计产品。结合“和谐社会”、“创新型国家”等方面的要求，不断构建新的统计指标体系。近年来，我市先后建立了服务业调查制度、民营经济统计制度等多项制度，每年针对一些新情况、新问题开展抽样调查或重点调查，这些探索为我们拓展统计领域，提高数据质量提供了积极支持。

第四，加强统计法制建设。要进一步完善《统计法》，为建立科学的统计调查体系提供立法支持。加强《统计法》的宣传，在抓好全面普法的同时，开展有针对性的普法宣传，尤其是对各级领导干部的宣传教育，主动送法进社区、进企业，通过主动的、及时的普法宣传，提高统计调查对象的统计法制观念，增进对统计工作的了解和理解，增强主动申报的配合意识。要依法统计，统计机构和人员要恪守统计职业道德规范，统实情、报实数、说实话、办实事。要进一步加大统计执法力度，做到敢于执法、善于执法。近年来，我市在完善“通知检查”制度的基础上，公开办案程序和结果，形成了“五个结合”的统计执法制度，即把提高统计数据质量与全面加强统计建设结合起来，把统计执法检查与普法宣传结合起来，把开展经常性执法与专项统计执法结合起来，把统计执法检查与为调查对象服务结合起来，把严肃查处违法案件与加强教育、规范统计行为结合起来，努力做到有法必依、违法必纠、执法必严。2006年，我们检查了48个单位，查处了2起违法案件。通过执法，提高了统计数据质量，维护了鹿泉统计权威。

第五，搞好统计宣传。统计宣传工作很重要。增强全社会的统计意识，需要加强统计宣传；增进社会对统计工作的了解、支持和配合，需要加强统计宣传；提高用户对统计数据的认知和使用能力，需要统计宣传；消除人们对统计的误解、正确使用统计数据，也需要加强统计宣传。统计部门一贯默默无闻地工作，不愿意也不善于宣传自己。多数人不了解统计工作，对统计工作和数据的了解往往是一知半解甚至于曲解。作为统计工作者，有必要像重视统计数据生产一样，重视统计宣传工作，宣传统计战线的先进人物和事迹，宣传统计数据的生产过程，宣传统计指标体系的内涵和核算方法。近年来，我市较好地开展了统计宣传工作，形成了《统计资料汇编》、《统计月报》、《鹿泉统计》三种统计产品，每年各级采用我局信息和分析百条（篇）以上。通过统计宣传，让社会了解了鹿泉统计，统计数据接受了社会监督也得到社会的认可，鹿泉统计也更好地服务社会。

提高统计数据质量要标本兼治。不仅需要观念的更新，意识的提升，而且有赖于制度的创新、机制的再造；不仅需要统计部门不断深化改革，提高工作水平，而且需要全社会共同参与。可谓任重道远，不屈不挠，探索不止。随着改革的深化、体制的完善、党风政风的好转，求真务实和社会诚信之风的弘扬，提高统计数据质量的体制基础将更加坚实，统计的明天会更加美好。

如何加强街道统计工作

郭智明 // 山西省阳泉市城区统计局局长

街道统计是最基层的一级综合性统计单位，直接影响统计数据的质量，是确保数据源头的关键单位。要确保统计数据质量，关键在于夯实统计基础工作。特别是，街道统计涉及的指标多、统计范围广、统计人员变动频繁，加强街道统计基层基础工作显得尤为重要。

我区统计管理体制从2005年年报开始正式实行在地统计后，统计单位数由原来的123个猛增到4506个，工作量增加了近40倍。为此，我们按照有为才有位的工作思路，把提供优质服务作为突破口，坚持多汇报、勤请示，取得领导的重视和支持。2006年，区政府常务会曾3次召开专题会议对统计工作进行研究部署，并对各街道统计工作站进行了全面整顿。区统计局对各街道办事处统计工作进行了一次全面督查。我区还举办了两次街道统计员培训。现在，全区6个街道办事处都成立了统计工作领导小组和统计站，由一把手任组长，一名副职分管并兼任统计站站长，配备了2名统计专干，建立健全了统计网络。

建立健全街道统计工作制度，是做好基层统计工作的有效保障。为此我们积极开展工作，努力健全工作制度，不断完善工作网络，逐步规范街道统计工作。区统计局还与街道办事处统计人员签订详细的统计工作责任书，对统计工作的完成情况年终进行考评、考核并将考评、考核结果进行通报，同时对于工作成绩突出的给予表彰奖励。我们还健全了区——街道办事处——社区三级工作网络。明确规定街道办事处主任、社区主任为统计工作行政负责人，街道办事处和社区统计员为统计工作业务负责人，街道明确分管经济工作的副主任为统计站站长，负责统计站日常工作。我们在各街道办事处同步成立专门办公室，实现了统计员独立办公，配备了计算机和打印机，摆正了统计工作在街道办事处的位置，提高了统计工作地位。同时，设立统计工作指挥台，将街道办事处的基本概况、统计工作领导小组和统计信息员名单、主要指标、近几年发展情况进行张榜公示，真正做到有人搞统计，有领导管统计，确保统计工作的顺利开展。

街道统计人员变动频繁，若不加强队伍建设，提高统计员的业务素质，难以确保数据的准确上报。为此，我们狠抓了街道统计员的业务培训，提高他们的业务素质。一是按照省、市安排，大力组织统计人员持证上岗培训。通过积极宣传发动和到街道办事处统计执法检查，要求街道办事处无证上岗的统计员都要参加统一培训考试。2006年街道办事处统计员全部参加了全省统一培训考试并取得了《统计从业资格证》，成为合格的统计员。二是认真抓好街道统计员的继续教育。对已取得统计证两年以上的统计员，要求参加全省统一的继续教育。三是结合统计报表制度的贯彻实施，开展业务培训。每年都要结合统计报表和定期报表的布置，组织业务培训，确保在岗的街道统计人员每年都能接受二次以上的业务培训。通过培训，街道统计员的业务素质、报表数字质量有了提高。

加强街道统计的目的是提升数据质量。我们始终坚持“以提高统计数据质量为中心”的工作方针，实行层层把关，确保统计数据质量，使全区街道统计指标能如实正确反映全区各街道办事处的经济发展状况，得到了市局、区委和政府及社会各界的充分肯定。这方面我们的具体做法是：坚持把街道统计工作当作全局业务工作的重点、难点来抓，区统计局采取分片包点的办法帮助街道统计工作，形成了重视街道统计、强化街道统计的工作新格局；实行街道统计报表报送登记、催报、检查、审核制度，并将街道统计上报情况进行通报，确保街道统计报表上报的及时性和数据的准确性，规范街道统计员的工作行为；加强街道统计报表上报前的审核把关，要求街道统计人员、统计站站长、街道办事处主要领导都要严格把关、签字、盖章方能上报区统计局。否则，区统计局视其报表无效；强化对主要街道统计数据进行评估监控的力度。在地统计后，要求街道统计员对年报、定期报表的主要数据进行评估，对于数据的大起大落必须找出原因，写出说明才能上报。

加强街道统计工作，切实开展调查研究，牢牢把握街道经济发展态势很重要。近几年来，我们根据一些热点、难点问题，组织街道统计员开展调查，进一步提高了服务质量，为各级党政领导决策提供了更为真实可靠的资料。在街道我们先后进行了工业企业景气调查、工业企业抽样调查、非公有制企业调查、社会公众安全感调查、住宿和餐饮业调查、限额以下企业调查、社区调查、妇女儿童两纲监测、劳动力调查等工作。在圆满完成这些调查任务并上报调查结果的前提下，我们还撰写了有关调查分析材料报送到区领导和有关部门，得到了领导和部门的好评。

加强街道统计基础工作使我们锻炼了队伍，提升了水平。同时，我们也意识到稳定街道统计队伍的紧迫性和必要性。统计是一项专业性要求较高的工作，它不但要求统计人员具有一定业务水平，同时要熟悉该地区的基本情况。任何一个街道统计人员，没有经过一段时期的锤炼，是不可能在较短时间内就能胜任统计工作。如果街道统计人员变动频繁，没有经过一段时间的培养，就会影响统计数据的质量，不能保证数据的真实性和可比性。因此，要确保数据的高质量必须保持统计队伍的稳定。

再有，就是必须大力提升统计人员的素质。街道统计人员的业务素质是确保统计数据高质量的关键，要采取多种方式和途径，培养和造就一批熟悉业务的街道统计人才。各级统计部门应采用多种培训形式，促进街道统计人员专业知识水平的提高，并积极创造条件，鼓励统计人员继续进修。同时，在更换街道人员时，要把好关，尽量让一些文化水平较高的人充实到统计队伍中，逐步提高街道统计人员的整体文化修养。

在夯实基础上下气力

陈海亮 // 山西省太原市小店区统计局局长

基层统计基础工作是做好统计工作的前端环节，对提高统计数据质量，提高统计服务水平都起着至关重要的作用。近年来，随着改革开放的不断深入，经济社会的快速发展，以及政府职能的逐步转变，统计基层基础工作有了新的内容，表现出了新的活力。特别是随着经济社会的发展，经济规模的不断壮大，经济关系日趋复杂，如何把握纷繁复杂的经济和社会发展动态？可以说基层统计依据科学方法，提供的大量经济社会发展统计数据和统计分析资料，起到了重要的作用。

做好基层统计工作,有一个高素质的稳定的队伍才有保证。随着上世纪五六十年代参加工作人员的逐步离退，近年来严格按照考试录用统计工作人员，基层统计队伍年龄结构、知识结构都不断优化，素质不断提高。而且通过各种业务培训学习，统计工作人员中拥有统计职称的人也越来越多，这使基层统计队伍发展看好。但是由于众所周知的原因,基层统计队伍也出现了不同程度的失稳现象,人员流动性较大。针对这一情况,我认为对基层单位的统计人员应该做到“定编定人”。对此上级统计部门最好能够联合有关部门共同行动，硬性规定。同时应该重视社区和村委会的统计作用，应通过行政手段确保每个社区和村委会有一名专（兼）职统计人员从事统计、调查工作。这样，遇到大型普查和需要社区和村委会配合的抽样调查，就能够高质量完成任务。

做好基层统计工作,要注重统计任务与统计力量的匹配。据我所知，现在很多县（市、区）级基层报表任务过于繁重，上级统计部门布置的报表任务越来越重，要求也越来越严格，工作任务和工作量有逐年增加的趋势。不仅规模以上工业企业、限额以上批零、餐饮企业、资质以上建筑企业、房地产开发企业、劳动工资等专业统计单位成倍增加。而且，抽样调查任务有增无减，除了日常的统计调查任务外，还要承担国家大型普查任务。繁重的统计调查任务和相对薄弱的统计力量，是一个很突出的矛盾。有的基层统计员要承担好几项专业的统计、调查任务，特别是年报中各种统计、调查任务重叠时，更显得时间紧、任务重。而报表从省到市再到县，甚至到乡镇（街办）、企事业单位，这中间要经过几次转发和开会培训的过程，从省到市逐级上报审核，本来时间就很紧张，上级部门还要给自己留足够充裕的报表审核时间，最后留给基层单位统计的时间就相对很短了。在这么短的时间内，要完成多个报表多个专业的统计，而且有时还得干其他的工作，就感觉难度强度太大了。针对这一情况，建议上级部门高度重视起来，切实给予解决。

做好基层统计工作，重在夯实基础。建议上级统计部门针对基层实际，从目前和长远之需加大改革力度，对基层统计范围、统计标准、统计方法有更加明确具体的规划和指导，以利于更好地完成任务,更好地减轻劳动强度，更好地节约人力、物力、财力，提高统计数据质量，更好地为各级领导和社会各界服务。制度建设也非常重要，俗话说："没有规矩，不成方圆"，建议上级统计部门针对当前形势下各基层单位的统计工作职责，对原始数据的收集、统计资料的归档、统计台账的设立、统计数据的传递与公布等基础工作提出明确要求，制定出更加明确具体的高标准的适合基层统计的有关方法制度。

统计局长的唱念做打

刘福庆 // 吉林省临江市统计局局长

平时喜好看京剧，闲时也经常喊两嗓子，如“苏三离了洪洞县……”，自我感觉满有韵味。京剧是由各种地方戏经过提炼，融合而成的，是一种综合性的艺术，又是写意的艺术。它讲究以“唱、念、做、打”等来演绎丰富的生活，刻画人物的性格，很含蓄地传达出情感来，给人以极深的感染，使人会有无穷的回味。

笔者调任临江市统计局任局长已有数年，经常思索这样一个问题：如何提高领导素质与艺术，提升统计地位，当一个合格的统计局长。受京剧艺术启迪，我认为，当好一个地方的统计局长也要有京剧演员唱念做打的真功夫。

唱——唱响统计服务这个主旋律

省九次党代会提出了到2011年，全省地区生产总值力争达到10000亿元，人均GDP达到4000美元，地方级财政收入和一般预算全口径财政收入分别达到600亿元和1200亿元，经济总量在全国位次前移，人均水平进入全国先进行列的奋斗目标。

临江市市委也提出了打造三城三地，建设发达的边境工业城市宏伟蓝图，力争县域经济有一个新的突破，在全省县域经济发展综合排序中实现位次前移。统计作为经济发展的晴雨表，要在经济发展中发挥出应有的作用，就要在服务上狠下功夫，用详实的数据说话，为领导决策和公众需求服务。

有为才有位。近几年，我局根据临江经济发展的实际，围绕支柱产业，先后开展了硅藻土、煤炭等行业的专项调查。编撰了《临江统计信息》，分发给市里五大班子领导参阅。三年来共在《临江统计信息》上发表各类统计分析和信息86篇，有6篇统计分析在市委的《临江通讯》上予以转发。季度及年度经济分析9次在全市政府组成人员会议和全市经济运行调度会上发布，有5篇分析被市委党代会、人代会及相关会议大篇幅采用。我还被临江市委党校聘为兼职讲师，在全市第二期副局级以上领导干部培训班上宣讲统计知识和临江经济形势，反响很好。统计局说话有人认真听了，统计工作得到了市委、市政府的认可，地位有了显著提高。

念——念好数据质量管理这本真经

数据质量是统计工作的灵魂。数据失真，就会给领导及公众造成误导。20世纪50年代大跃进、浮夸风造成的灾难我们还记忆犹新。毋庸讳言，由于政绩考核体系的负面影响，个别地方数据注水的现象时有发生。近年来，我们认真贯彻《统计法》和省局《数据质量管理考核办法》，强化统计从业人员的培训，对统计违法案件进行认真查处，达到查处一案，教育一批的目的。我们还借经济普查、农业普查等大型普查的机会，对有关数据进行了重新核算修订，使各项指标数据更加符合实际和经济发展的趋势。

做——做好统计基础工作这篇大文章

县乡统计是统计大厦的基石。基础不牢，地动山摇。我们的做法，一是加强乡镇统计站建设，要求做到“一员、一柜、一机”，即一个乡镇必须有一名专职统计人员，有一个统计数据资料柜，有一台用于各种统计报表的电脑。二是加强市局人员配备和硬件建设，争取资金38万元，实现了市局各专业人员人手一台电脑，添置了打印机、复印机、办公桌柜，新购置了一台小汽车，办公条件得到了明显改善。为解决市局人员偏少的问题，多次与市领导协商，成立了临江普查中心，选调了四名年轻同志充实到统计队伍中来。三是积极呼吁各级领导重视统计工作，2005年，市政府专门下发了关于加强和完善统计工作的意见，对规范乡镇和企业统计工作起到了良好的作用。四是让统计贴近生活，贴近民众，通过统计方法制度创新，开展了城镇居民收入调查、能源统计、企业景气调查等，定期在临江电视台发布各项经济指标完成情况，统计数据更加全面，可信度增加了。

打——打拼出统计工作的良好氛围和环境

作为一名统计局局长，外树形象，内创和谐，打造一个有利于统计事业发展的良好氛围和环境应是其重要任务。在日常工作中要处理好三个关系：一是处理好与上级主管部门、市领导的关系，做到服从领导而不盲从；二是要处理好与统计对象的关系，充分调动起他们的积极性，保证各类报表的及时准确；三是处理好班子成员之间的关系，完善工作协调机制，加强班子和机关干部的内部团结，形成团结、和谐、向上的工作氛围。

随着经济活动的逐渐活跃，各类调查、普查日渐增多，县级统计局人手少，工作紧、重，作为统计局长要讲究工作方法，学会十个手指头弹钢琴，善于抓住重点，举一反三，使统计局的工作秩序井然，有条不紊。

自实施统计体制改革以来，人财物的管理体系变了，统计经费相应增多，统计局的廉政作风建设任务加重。统计局长一方面不能以数谋私，另一方面不能自毁形象，要管住自己的欲望，不贪不占，把有限的资金用在刀刃上，要经得起考验。要求别人做到的，自己首先要做到，在系统内部形成清廉、和谐的风气。

京剧是一门艺术，作为一个统计局长，抓班子，带队伍，讲求方式方法也是一门艺术。把“唱、念、做、打”各个功夫做足做透，是工作实际的需要，也是各级领导和公众对他的基本要求。就自身而言，各项工作刚起步，任重而道远，我愿与各位统计同仁共勉，为统计事业尽一份自己绵薄的力量。

感悟

徐亚萍 // 江苏省淮安市清浦区统计局局长

县（区）统计部门上承省、市统计部门，下联乡镇统计机构与基层被调查单位，处于承上启下的重要位置。县（区）统计工作的好坏，直接关系到国家、省、市统计工作的发展与提高。面对统计工作任务越来越繁重的新形势，当了多年区统计局长的我，更觉得做好这份工作难度非常大。通过参加全国统计系统区县统计局长培训班，加深了我对统计工作的全面理解和认识，也增强了我抓好统计工作，做好统计服务的信心与决心。结合培训内容，就当好基层统计局长我有这么几点体会或说感悟:

一、要把握好宏观形势。深入分析研究经济形势，是统计部门履行职能的需要，也是当前统计工作的一项重要内容。作为统计局长，必须更早、更好地了解形势、了解政策，加强对经济运行情况的追踪，及早发现影响宏观经济发展的苗头性问题。在加强对主要经济指标变动情况监测的同时，还要围绕经济社会发展的重点、热点、难点，进行综合性分析或专题分析，积极主动地发现时机、抓住时机，为党政决策提供准确依据。

二、要注重细节管理。“天下难事，必做于易；天下大事，必做于细。”统计工作服务于社会，统计数据是社会关注的焦点，所以更要注重细节，力求准确。作为基层统计局长，要以对党对人民高度负责的态度，坚持实事求是的原则，维护统计工作的准确性、科学性和权威性。提高统计工作水平和质量，必须注重抓细节，把细节作为衡量工作的重要标准。同时要注重防微杜渐，防患于未然，把失误和误差控制在最小的范围和程度内。要建立健全经常性、稳定性的工作制度，强化监督机制，确保各项制度的贯彻落实。

三、要提升多种能力。社会是不断发展的，科学是不断进步的，知识是不断更新的。因此，作为基层统计局长要在本单位大力倡导提升这样几个能力：勇于创新的学习能力、带好班子建好队伍的能力、依法管理统计的能力、把握数据质量的能力、监测评价经济社会发展的能力、组织领导统计调查的能力、统计分析与咨询服务的能力。

我局的“一二三四五”

梁春 // 江苏省扬州市广陵区统计局局长

作为一名区级统计机构负责人，我有幸参加了2011年国家统计局组织的统计机构负责人培训学习。结合这次学习，联系工作实际，我对如何加强基层统计机构的建设，切实推进统计改革，谈谈我局统计工作的“一二三四五”。

一是树立一个服务意识。统计的本质追求就是服务，区级统计机构要树立统计就是服务的理念，要坚持为上级统计部门和当地党委、政府中心工作服务，为乡镇（街道）及各园区的科学发展服务。在职能上，既要强化情报职能、参谋职能、协调职能、执法职能，又要及时、客观地反应社会经济发展的过程和细节，为上级统计机构、当地各级党委、政府以及社会管理机构、企业等，提供优质统计服务。

二是完善两个统计机构。从区情出发，不断完善乡镇（街道）园区的统计机构设置和职能，各级统计站专职工作人员不少于3人，办公场所及电脑等办公装备应独立配置，并有相应的工作经费。我区地处主城区，服务业统计面广量大。因此，我们要充实服务业调查办公室的人员，明确职能，使其切实承担起组织、协调全区服务业调查统计的职能。

三是加强三支专业队伍。作为基层统计机构，我们要注重发挥三支队伍的作用：一是局机关工作团队，二是乡镇街道园区统计工作队伍，三是企业专职统计人员队伍。在保持全区统计队伍高度稳定的基础上，通过加强业务培训，不断增强基层统计能力。例如，每月举行一次月度统计工作分析培训会，针对当月统计工作出现的问题，及时给予分析和解决。

四是建立四项工作机制。好的机制能够提高工作效率，我们将着力打造四项工作机制：一是建立经济运行动态监控机制，每半月对全区经济运行情况进行摸底，出一次快报，每月出一期分析报告，并及时向上级统计机构和区党委、政府提供相关信息。二是联合发改委、经信委、科技局、服务业局、财政局、商务局等部门，建立相关部门联席会议机制，每月举行一次联席会议，对上月经济数据进行汇总分析，当月经济运行情况进行评估、预测。三是建立与乡镇（街道）园区及重点企业的定期联系机制，提供业务指导，及时解决问题。四是建立工作督查机制，每周五下午对全区统计工作完成情况进行回头看，每月底对本月工作完成情况进行督查。

五是推进五项重点工作。一是持续开展统计普法宣传，增强各级依法行政、依法统计意识，做好统计人员上岗培训、统计继续教育工作，进行统计执法和跟踪复检，不断增强依法统计能力。二是以统计改革为契机，积极推进以一套表制度为核心的四大工程建设，推动统计流程再造。三是抓好服务业统计，重点推进服务业网上直报。四是抓好基层党组织建设，不断增强队伍的凝聚力和战斗力。五是通过培训、考评、强化纪律等手段，进行理念更新、素质教育和作风提升，努力形成踏实、严谨的工作作风。

在源头抓好数据质量

曹旭东 // 吉林省梨树县统计局局长

“问渠哪得清如许，为有源头活水来。”多年在乡镇和县级统计部门领导岗位的工作经历，使我对搞准基层统计数据的重要和难处感受颇深。对此，要有清醒的认识，要采取综合治理的措施， 我的看法主要有这样几点：

一、基层乡镇统计是数据的源头，来不得半点虚报、瞒报、弄虚作假。党中央早就指出，在统计上虚报浮夸，弄虚作假的行为是一种严重的政治腐败行为，这种行为不但破坏了党的实事求是的优良传统，也严重地损害了党和政府在群众心目中的形象。为此，对乡镇的统计违法行为党的纪检、组织部门和政府监察、司法、统计部门要齐抓共管，采取法律的、行政的、组织的多种有效措施综合治理，严厉打击。

二、面对新形势新标准，统计数据质量的涵义和概念也在变化。为此，我们要树立全新的统计数据质量理念，对乡镇统计数据质量的评估判断和标准，要从过去的只注重数量指标向数量和质量并重转变，要从过去偏重数据准确性、及时性向更重数据科学性的方向转变。以促进乡镇领导改变思想意识、思维方式，树立科学发展观。

三、统计基础工作是整个统计工作的基石，要提高统计数据质量就必须加强基层统计组织建设。落实到乡镇统计，一是在乡镇政府的改革过程中要保持统计队伍的稳定，保证乡镇统计队伍不乱不散并不断得到加强。二是健全乡镇统计台账和统计原始记录，使统计历史信息做到档案化管理。三是要切实解决基层开展国家普查和经常性调查的经费问题，不断普及现代化统计设施在基层统计口的应用。四是采取定期培训或考核的办法不断提高基层工作人员的业务素质，使他们熟练掌握统计新知识、新方法，特别是现代统计调查、统计整理、统计分析技能和计算机应用技术，并做到培训教育经常化、制度化、规范化，不断提高统计人员的业务水平。

四、乡镇统计机构或统计人员依照法律保持其独立地位十分重要，严格执行有关统计数据独立报送的规定，才能确保源头数据的客观、真实。为此要健全统计法制建设，依法统计，严格执法。强有力的法律实施机制将使违法成本提高，使统计违法行为的发生率降低。强化法制需要加大普法力度，广泛宣传《统计法》，增强社会各界的统计法制观念，特别是乡镇领导的统计意识和法制观念。

五、保证乡镇统计数据真实、准确，统计人员的职业操守也很重要，所以这方面的工作要进一步强化，对乡镇统计人员的思想品德和职业道德教育要常抓不懈。

说“法”谈“要”

滕义斌 // 河北省武邑县统计局局长

统计数据质量是统计工作的生命。基层统计工作的好坏，直接影响基层统计数据的准确性。

如何搞好统计法制建设，我认为下面这“六要”很重要。

要充分利用统计执法检查这一有力手段。统计法和统计法实施细则分别于1996年5月和2000年6月重新修订公布。统计法及其细则对于充分发挥统计的作用，实现统计信息、咨询、监督职能具有十分重要的意义。但是制订法律只是法律施行的第一步，只有坚持不懈地进行统计执法检查，才能保证统计法和细则的贯彻执行。统计执法检查可以提高基层统计数据质量，净化数字失真外部环境。否则统计数字质量不高，统计信息、咨询、监督三大职能就无从谈起。因此必须大力加强统计执法工作，打击虚报、瞒报、伪造、篡改统计数字行为，净化履行统计职能的外部环境。而且不应限于一年一度，应该成为经常性的制度化工作，使执法人员保持常抓不懈的状态。同时还要不断拓宽统计执法检查的范围，加大执法检查的力度，充分用好用足执法手段，树立执法权威，达到执法目的。

要不断加大统计法的宣传力度，大力宣传统计法，营造统计执法良好的社会环境。要充分利用报纸、电台电视台等新闻媒体宣传统计法及其实施细则。宣传也要有针对性，既要大张旗鼓地宣传执行统计法的典型，同时也要适当曝光一些违反统计法而受到处罚的案例，以儆效尤。

要加强统计执法培训，提高执法人员的素质，认真学习《统计执法检查规定》，提高依法行政水平。除了学好《统计法》和《统计执法检查规定》外，还应该学好《行政诉讼法》、《行政处罚法》、《行政复议法》等一系列行政法律法规，领会上述法律法规的精神实质，做到灵活运用，在进行处罚时，不但作到证据确凿，而且程序也无漏洞可钻，让对方心悦诚服。同时，要加强业务知识学习，培养统计执法骨干力量。要紧紧依靠各专业人员，通过培训给主要业务人员发放统计检查证，使之成为统计检查员。在各基层单位可以有意识地发现培养一批执法生力军，可以聘请审计局、税务稽查局、会计师事务所等有关专业人员传授相关业务知识，使统计执法人员成为查帐高手，不但能够查处简单案件，对复杂案件也能审理自如。

要努力赢得有关部门的积极配合，提高统计执法的权威性。统计机构和纪检、监察、司法等机关要依照国家法律和党纪、政纪有关规定，各司其职，协作配合，扎扎实实地抓好在统计上弄虚作假案件的查处工作。统计执法要紧紧依靠上述机关，提高统计执法的权威性。

要不断总结经验，提高办案水平和质量。调查取证时，必须深入细致。统计违法案件的调查取证工作，是统计违法案件查处的关键。为使案件的证据和调查情况真实可靠，必须做到：一是深入基层掌握第一手资料；二是讲究调查询问技巧，抓住重点，抓住对方的要害；三是及时取证，及时搜集有关证据和相关的证据材料，以防法人单位毁灭证据。在处理统计违法案件过程中，必须做到事实清楚，证据确凿，适用法律正确，程序合法，使用文书规范，处理及时，做到“以事实为根据，以法律为准绳”。

要坚持执法必严，违法必究。执法必严，要求统计执法机关和人员在查处统计违法案件过程中，必须做到严格遵守宪法和法律，严格执行党和国家的政策，严守纪律，坚持原则，铁面无私，坚决纠正不顾国家和人民的根本利益的地方保护主义；尤其是领导干部要带头依法决策，依法处理问题，切实领导、督促、支持统计执法机构严格依法办案，做到不说情、不干扰统计执法机构依法办案，为执法人员撑腰，维护《统计法》的威严。对那些统计违法者，对那些置统计法律和党纪、政纪于不顾，有意逃避或破坏国家统计监督，不论涉及到什么单位、什么人，都要依法严肃查处，决不姑息。对于典型案件特别是大案要案的查处工作，党委和政府必须给予高度的重视和大力支持，关键时要通过新闻媒体给予曝光，充分发挥舆论监督的作用，以案释法，以法教人，达到查处一案，教育一片的目的，才能有效地遏制统计违法现象的蔓延。

迎挑战 抓机遇 求发展

刘程辉 // 江苏省启东市统计局局长

改革，常常面临挑战与机遇并存的局面。怎样才能化挑战为机遇，化被动为主动？我们是这样做的。

近年来，启东市进行了新一轮镇（乡）综合配套改革，对统计系统、统计工作来说，这是一个挑战，我们深知改革就是打破旧的格局，创建新的机制，统计只有迎难而上，因势利导才能赢得更大发展。为此，我们是这样做的。

一、积极争取各级领导对统计工作的支持。统计部门是为各级党政领导提供经济信息和决策依据的职能部门。统计部门的信息来源于基层，如果基层统计机构不健全，人员配备不到位，就很难保证统计系统工作的有序运转。基于这样的认识，我们找市长、分管市长，找市委书记，汇报统计工作繁重的业务量，解释基层统计工作重要性。特别是找试点单位的领导和负责试点工作的市领导，为稳定统计队伍谋求市委市政府在人、财、物等方面的支持。这项工作不仅要积极争取还要迅速落实。全市改革方案确定后，我局全体领导分乡镇督促落实，对部分乡镇以种种借口不全面落实统计人员岗位的，及时向市领导反映，以促使他们全面落实方案中的统计人员岗位。到全市镇（乡）综合配套改革结束时，全市所有镇乡统计岗位全部落实，部分镇乡还比方案增加了统计人员。我们体会到，争取领导重视、赢得领导支持的先决条件是有所作为。

二、积极扩大统计影响，提升统计的知名度。近年来，我们加大了宣传舆论工作力度，努力提高统计工作的社会知名度。每月的市委市政府大办公会议前，我们都要选择要点让领导在会上作宣传、提要求；每年的统计工作会议前后，我们都要协同新闻单位组织专题系列报道，造声势，扩影响；每次全市的“宪法宣传日”活动中，我们必定事前充分准备，印资料、搞展板，以加大宣传力度，争取各级领导对统计工作的重视和支持。我们与市媒体单位分别签订了统计信息报道协议，确保了我们启东统计局周周报上有文章、月月广播电视上有音像；两会期间发专报，专题解释小康和农民收入讨论中的质疑；利用广场咨询、举办专题文艺演出进行宣传；制作《走近统计》电视专题片，组织统计法制和统计知识竞赛，以扩大统计的影响。同时，我们还通过月度统计快讯、年度统计简编资料、两会期间统计特刊等多种满足适时需要的统计产品，强化参谋助手作用，特别是在为各级领导解决难点、热点问题中积极建言献策，撰写统计分析材料，发挥统计信息功能，使各级领导感受到统计的不可替代的作用和不容置疑的地位。这些舆论和服务工作对统计在改革中求进求发展起到了巨大作用。

三、努力确保机构改革中统计人员的质量。由于事前的精心谋划，事中的全力以赴，我们终于在机构改革中争取到乡镇统计人员被足额纳入编制序列，为稳定统计队伍打下了坚实的基础。为了确保统计队伍素质，按照有关规定，对统计岗位实行公开报名，报名对象必须具备统计岗位证书，且年龄在50周岁以下。参报人员通过竞岗演讲、述职，然后由党政领导、机关干部、村干部、人大代表、政协委员、企事业单位代表综合打分后择优录取。根据《市镇（乡）综合配套改革机构设置职能配置人员编制规定》，全市24个镇（乡）应配统计人员88名，实际配备85名，仅有3名因年龄超标作暂时留用。人员配置到位后，我们及时对镇（乡）统计岗位的设置提出明确的要求，使各镇乡统计办公室对统计人员分工明确，尽职尽责。

四、不断提升统计人员的素质。在镇（乡）统计队伍稳定的前提下，我们为提高统计工作水平实施了全员培训。培训目标是全面增强基层统计人员法制意识和业务水平，确保源头统计数据质量。具体措施是稳定队伍、提高素质，开展从业资格和继续教育培训，把持证上岗率提高10个百分点；对规模以上企业组织全面的业务培训，每年所有专业的样本单位实现普训一次。乡镇统计办继续全面实施“1+X”的素质提高工程，统计人员在熟悉掌握自身业务知识外，加强计算机操作能力、统计分析和统计信息写作能力的培训。我们还精心组织力量，以加强职业道德建设、业务能力建设为目标，对全市基层统计人员全面摸底，根据知识技能的实际情况，制订了切实可行的培训计划，有步骤地组织全员加强现代经济理论、调查技能、统计基础知识、计算机知识等方面的知识辅导。

五、全面提升统计工作中基础建设的水平。为了进一步加强统计基础建设，促进乡镇统计机构全面履行政府综合统计职能，在提高基层统计人员职业道德意识和业务能力的基础上，我们对基层的基础工作、装备水平作了全面的检查。在检查中，我们发现基础台账不规范，规章制度不健全。根据这一情况，我们统一印制下发了一整套适合启东实际的基础台账、目录和簿册。同时培训辅导了电子台账的业务知识，使全市各镇乡建立健全农村统计网络和镇乡统计台账、原始记录及各项统计管理制度，强化统计持证上岗培训，进一步规范和加强基层单位和企业的原始记录、基础台账等基础性工作，形成一套规范、统一的基础性资料。在检查中，我们还发现基层办公自动化水平低下。根据统计工作的任务，全市24个乡镇应配电脑不少于72台，实际拥有41台，尚缺31台。各乡镇承担着农、林、牧、渔业，工业，建筑业，三产，民营经济和各项普查统计任务，统计工作量与电脑使用的矛盾相当突出。为此，我们向市级领导积极反映情况，引起重视，向财政部门打报告，争取经费上的支持。同时，对各乡镇提出明确的统计自动化建设目标和要求：一是统计办公室至少应配备3台以上电脑，确保分专业统计报表任务的高质量完成。二是在开通电子信箱，实现报表数据传输的基础上，与市级统计机构计算机联网，不断提高统计生产力水平。经过我们大量细致的工作，全市24个乡镇在原有41台电脑的基础上，新增28台，基本满足了日常统计任务的数据处理要求。同时，我市于2005年上半年实现市、镇广域网互联，在各乡镇配备必需基础装备的基础上，进一步加强和改善统计信息网站建设，抓好网络管理，不断提高统计信息网的应用和服务水平。为了使全市各镇乡基础建设上一个新的台阶，我们在对软硬件建设提出规范性要求的基础上，提出了实现镇乡统计“九化”的要求，即统计机构网络化、统计人员专业化、统计手段现代化、统计服务优质化、统计基础规范化、统计业务精准化、统计工作法制化、统计管理程序化、统计资料档案化。

通过不懈努力，在全市镇乡综合配套改革中，统计力量不仅没有被削弱，相反在原有基础上得到了加强。在全市镇乡机关干部精简34%的情况下，统计人员反而从54名增加为85名，增长了57%。配套改革前，只有1名大学本科生，6名大专生，其余都是高中或中专生。改革后有13名大学本科生，大专生45名，20名中专生。平均年龄从42岁下降到了34.8岁。目前全市24个乡镇基本做到了机构规范、人员规范、制度规范、活动规范、台账规范。各乡镇统计人员的年龄、知识结构和工作能力的配置已近合理，统计队伍的整体素质得到较大提高。在乡镇统计工作“一合三统一”的基础上，逐步实现了向“实体型”统计机构的转变。

加强县级统计工作的建议

刘志恒 // 宁夏回族自治区盐池县统计局局长

县级统计部门在整个政府统计体系中承上而启下——对下肩负着组织领导广大农村、企业、社区、部门开展具体统计活动的重任；对上承担着报送各种统计报表和为党政领导、社会公众提供统计服务的义务。县级统计部门数据准确与否，直接关系到国家统计数据质量，极大地影响着各级政府决策与管理的科学性和有效性。作为一名基层统计工作者，笔者就加强县级统计工作谈几点建议。

一、抓好县级统计基础建设。抓好这项工作既可带动农村、企业、社区、部门基层基础工作全面上水平，更有利于把牢统计数据“入口”质量关，为整个统计事业的改革与发展奠定坚实基础。因此夯实基础，加强县级统计工作，已成为新形势下统计工作亟待解决的问题。各级领导应进一步提高对统计工作重要性的认识。统计部门是为各级党政领导提供经济信息和决策依据的职能部门。如果县乡基层统计机构不健全，人员配备不到位，就很难保证统计系统工作的有序运转。因此，各级领导应对县乡基层统计建设给予高度关注，把此项工作纳入议事日程和工作计划，采取有效措施，在政治、经济等方面大力支持统计事业。另一方面，统计部门也要积极争取当地政府对县乡两级统计工作的重视和支持，强身固体、树立权威；学会换位思考，特别是要在为地方领导解决难点、热点问题中强化功能，发挥作用。只有这样，才可能改变目前县乡统计基础建设滞后的局面。

二、科学划定县统计局职能，使统计监督管理与统计业务工作相分离。各业务部门统计既存在重复统计，又存在相互脱离，县级统计部门的主导地位作用未得到充分发挥，部门之间统计信息资料难以共享，客观上增加了统计难度，降低了统计时效。因此应理顺县级统计部门和业务部门、调查队的关系，将各类统计报表及各项调查任务分解给县直各个相关部门，归口县统计部门管理。如劳动工资由人事劳动保障局负责，固定资产投资由改革和发展局负责，规模工业由经贸局负责，各项大型普查和专项调查由调查队负责等等，使得县级统计部门专门负责对各相关部门统计数据的监督检查、审核评估、管理发布，真正履行其行政职能。县级统计部门按照这一要求，建立健全一套强有力的考核制度对其进行考核奖励。

三、积极推进乡镇统计体制改革。乡镇统计机构作为国家最基本的根基，其职能不仅有经济领域一、二、三产的日常统计业务、临时性统计业务，而且还有城乡建设领域的日常统计业务、临时性统计业务，还有社会范畴内的人口、治安、社会保障及其他事业方面的日常统计业务、临时性统计业务等等。

在统计业务中，不仅有日常全面报表性的统计调查工作，还有正在加大推广的抽样调查、重点调查工作；不仅有上报统计报表、统计数据、统计资料的任务，还有提供统计信息、开展统计分析的职能，还有对乡镇其他单位、企业和村组户进行统计指导、统计培训、统计检查、统计执法的职能。基于乡镇统计的这些职能和业务工作的特殊性，把统计工作归属于任何一个部门，都会使其职能缺失，都会因其机构和工作的非独立性，人员的流动性及分工的易变性，工作的间断性及业务技能的非连贯性，对工作造成严重的影响。而且这种影响，不仅仅是对某一乡镇，对其上一级政府影响更大。因此，乡镇统计机构应该单独设立。就目前全国乡镇管理模式来看，“嘉祥模式”最理想。在乡镇设立统计站，核定人员编制1－2名作为县级统计部门的派出机构，实行人员、编制、经费上划，由县级统计部门垂直管理。

四、保证统计人员稳定，提高统计人员素质。县乡基层统计事业要发展，保持高素质统计队伍的相对稳定是关键。一方面要加强业务培训，区、市、县统计部门要定期举办各种形式的学习班、培训班，特别是结合农村实际，举办一些有关农村业务统计的知识培训，如农村小康建设、农业产业化统计等方面的培训。另一方面，要将基层统计人员派往外地学习，同时还要吸收新鲜血液，定期从大专本科院校毕业生中选拔一批人才充实到统计岗位上来。

五、改进统计手段，加强基层统计信息化建设。目前迫切需要加强基层统计信息自动化建设，可以采取区、市、县统计部门与基层单位联动的方式，改变其落后的统计手段，加大基层统计机构的科技含量，提高其工作效率。要保证每个基层统计站有一台以上微机，以便建立基层单位名录库和基本情况资料数据库。要加快自动化和网络化建设，使基层统计站实现与县统计部门的互连互通。并加强基层统计员的电脑知识培训，全面提高计算机操作水平，以实现基层统计数据网上直报。

六、加强统计法制意识的宣传，加大执法力度。《统计法》是统计工作人员的行为准则，是做好统计工作的尚方宝剑。一方面，要加大统计普法的宣传力度，充分利用广播、电视等新闻媒体开展多种形式的统计法律宣传。要通过广泛深入的宣传，让各级领导干部和社会公众进一步提高对弄虚作假行为的危害性的认识，让基层统计人员明确自己的合法权利和法定职责。另一方面，要严厉打击各类统计违法行为。对虚报、瞒报、迟报、拒报以及伪造、篡改统计资料等违法行为，一定要严肃查处。要采取定期检查与不定期检查相结合、自查与抽查相结合、专项检查与执法检查相结合的方式，对基层统计工作进行检查。要把机构人员是否到位、统计台账是否建立、统计基础工作是否完善、统计资料是否可靠、统计数据是否真实可信等工作，列为统计执法检查的主要内容。

在网络建设的道路上

张艳欣 // 河北省饶阳县统计局局长

我们县有位县领导对我们统计局有个形象的比喻：到了统计局，就像走进了“前敌指挥所”，打印机的尖叫声，人们电话催报的急切表情，手拿报表来回奔走的紧张场面，总给人一种“临战状态”的感觉。对此，我们深有感触。我们认为“指挥所”与前沿阵地的联络方式和手段，直接影响着“战局”的态势，关系着每个“战役”的胜败。所以几年来我们县局统一认识，及时把县乡联网工作纳入了重要议事日程。经过艰苦努力，逐步做到了“三个到位”。

这“三个到位”具体说是这样的。

一、认识到位。2005年底，县委对我局领导班子进行了调整。新班子上任后，对统计工作面临的方向和任务进行了系统的分析研究，认为办公自动化是做好统计工作的一项重要的基础工作。我们面对难以克服的矛盾：一方面，统计任务越来越繁重，工作质量要求也越来越高；另一方面，机构改革带来人员和编制的缩减，缺员断档现象越来越严重。特别是乡镇统计工作，这个矛盾尤为突出。乡镇统计站只能保留3至5个工作人员，有的还不到3个人，而且多数人员是兼职。人员、素质、办公设备成为制约统计工作发展的瓶颈。乡镇统计员非常发怵到县统计局。因为一到县局，就很难脱身，不是这个专业催报表，就是那个专业交代任务。用他们自己的话说："能不来统计局就不来!"两个方面汇集在一个焦点上，就是办公效率问题。只有工作手段提高了，工作效能上去了，各项统计任务才能按时、高质完成。所以，新班子下定决心，把县乡联网工作作为第一要务来抓。

二、资金到位。局领导班子认识到位，形成共识，只是"一厢情愿"。资金从哪里来才是真正的难题。这几年来，县委、县政府在经费上确实给了统计局一些特殊照顾，但由于县域经济基础和财政实力的原因，与其他市县相比，经费数量上仍然是比较少的。局域网建成后，支出连续攀升，经费不足的矛盾十分突出。尤其又是新班子上任，"囊中羞涩"。只能依靠县财政的支持。而县财政的钱并非"囊中取物"那样轻易获得。虽然，县主管领导曾经有过这个意向，但落实起来还是困难重重。我们只能采取"软磨硬泡"、"主动出击"的对策，利用各种机会做工作。领导工作忙，见一面相当不容易。有时要排队，要等待，甚至有时要等上一、二个小时。我们的时间虽然比较紧，但为了争取到资金，完成一项能够推动统计事业上台阶、上水平的工作，我们无怨无悔，只有耐心。经过向县主要领导汇报县乡联网工作的必要性，不厌其烦地提醒、催促主管领导，并利用陪同领导下乡调研、外出开会等机会，呼吁尽早实现县乡联网。“精诚所至，金石为开”。在我们的不懈努力和主管县长的大力支持下，县财政于2006年3月拨付了5.6万元的微机购置费和1.8万元的县乡联网费，实现了我们的夙愿。

三、设备到位。资金到位后，我们对微机购置和乡镇微机室设置进行了认真研究和安排布置。一是要让有限的资金发挥最大的效能。县里给的资金有限，如何让有限的资金能买到性能较好、经济实用的机子，我们费了一番脑筋。一方面召集局内外专业人士进行咨询，并通过网上查询对购买机型和价位做到了心中有数；另一方面，通过县政府招标采购方式确定供货商，然后又与商家多次砍价，直砍得老板额头直冒汗地说：“就是个人买电脑，也没像你们这么砍价的。”最后以低廉的价格为8个乡镇、工委配齐了“奔4”（处理速度2.93GHz）微机、“富士通”针式打印机和“纽缦”U盘，使乡镇统计站初步具备了信息化办公条件。二是借微机安装促进乡镇统计站硬件环境的改善。在主管副乡镇长参加的统计工作会议上，我们通报了为乡镇购买微机和打印机的过程，提出了统计站办公条件的具体要求，即2间办公室，有牌子、有公章、桌椅、橱柜、摆放整齐，墙壁粉刷，地面硬化，安装防盗门窗等，不达标准，不装微机。为了做到专机专用，也是几经周折。虽然为乡镇配备的机型不算多么高级，但仍有人“眼红手快”，“移花接木”。有的乡镇调换了键盘，有的乡镇调换了主机，也有的乡镇主要领导要把微机安放在自己的办公室。这些行为看起来不是什么大事，但体现了这些人对统计工作的重视程度和态度。我们坚持初衷，坚持原则，决不让步。经过多方协调，耐心工作，最后实现了“完璧归赵”。三是尽快实现了网络联接。微机配置完成以后，由于各乡镇原有连接方式不同，有政府宽带，有ADSL，也有电话拨号等多种方式，对网络资费的认可度也不一样，而且少数乡镇时通时断，出现了一些技术性问题。为了尽快实现县乡联网，我们首先通过与各乡镇主要领导直接对话，征求意见，统一思想，解决了网络资费和连接方式的问题；随后又派技术人员与网通公司业务人员一起，在几个乡镇之间奔波，连接、调试，解决了一个又一个难题，最终实现了县乡联网的开通。

但是，网络的建成和使用是两个不同的概念，建成了不等于用好了。用好网络，发挥网络的最佳效能，管理是关键。为此，我们在管理和使用网络上，采取了这样一些措施：

一是“三个培训”。即全员培训，每月一次乡镇统计员网络知识培训，重点培训。由于人员、岗位有所变动，加上统计报表程序也在不断更新，搞好全员培训就显得尤为重要。为此，我们采取了集中授课、现场指导、专人讲解等多种形式，切实加大了全员培训力度，使大家的网络应用水平得到不断提高，人人都能熟练地处理本职业务，较好地发挥了网络的整体效能。而每月举办一次乡镇统计员网络知识培训班，是基于乡镇统计人员的实际情况，他们日常接触电脑的人不少，但真正在网上进行职业操作的没有几个。为了让他们尽快掌握在统计网络上“冲浪”的技能，我们就从最基本的网络知识开始。由县局程序管理人员或聘请专业人士，讲解微机操作和网络常识。至于重点培训，是因为维护和使用好统计网络，需要有一定水平的管理人才。我局原有的程序管理员调走以后，我们又重点培养了两名有一定基础的程序管理员。一方面积极为他们创造参加上级培训的机会，另一方面在购置学习资料和实用工具上为他们开放绿灯，加速提升他们的网络管理素质。目前，他们不仅能独立承担安装、调试、应用以及网络维护等各种操作，而且成为我县比较活跃的“技术指导员”，经常有兄弟单位和私人企业请去帮忙。这样，不仅使我们的程序管理工作服务到了社会，而且使程序管理人员通过跨行业、跨部门的锻炼，加强了交流，增长了见识，提高了技术，实现了管理素质的再提高。

二是对乡镇统计站实行“三个强化”。1.基于有人因技术不熟练或嫌操作麻烦，仍采用旧的报送方法，硬性要求各种表报在上报原始报表的同时，实行网上传输；2.参加“统计分析文章评比活动”的各乡镇统计一律报送电子格式材料，并把磁介质和打印材料作为一项评分标准，这进一步激发了大家上机操作的兴趣；3.积极开展计算机基础知识和应用方面的知识技能竞赛活动，以调动大家练就真本领、掌握硬技术的积极性。通过这些手段，各乡镇和县局专业统计人员有了长足的进步，普遍学会了打字、排版、打印、制表、公式运用、网上传输等技术。特别是BQQ系统的应用，大大方便了市与县、县与乡和乡镇之间的联络，进一步提高了统计办公自动化效率。

三是对乡镇统计站网络管理规定了“三个要求”、“三个不准”和树立“三种意识”。“三个要求”：1.要求确定专人保管，负责人要切实负起对微机的管理责任，做好日常维护和安全管理，及时锁好门窗，避免丢失和损坏；2.要求保持室内卫生，电脑设备是精密仪器，平时要做好防尘和卫生清理，保持设备的整洁和卫生，以延长使用寿命，多为统计工作做贡献；3.要求定期检查维修。及时发现并解决潜在的危险和问题。“三个不准”是：不准浏览黄色网站，不准下载非法文件，不准播放禁看光碟。而树立“三种意识”则是：1.安全操作意识，包括“开机杀毒”、“准确点击”、“关机断电”等一系列基本操作规程，避免因操作失误对电脑造成损坏，或埋下隐患，县局为防止内网出现故障，影响数据传输，又连接了ADSL宽带，为统计网络的畅通加上了“双保险”。2.专机专用意识，实现统计县乡联网来之不易，应该倍加珍惜和爱护和用于本职工作。3.网络畅通意识，要及时维护和维修电脑设备，保持机器正常运转，发现不正常现象或故障及时排除，或报告县局程序管理人员进行检修，以确保网络畅通。

总之，我县在努力实现县乡联网的同时，在网络维护和管理上采取了一些措施，也对保证网络健康运行、保持网络畅通无阻做了一些有益的尝试。我们知道，在充分发挥网络功能，提高办公自动化水平的道路上，还有很多工作要做，前面任重道远。

我们的四个“抓手”

陈建华 // 福建省武夷山市统计局局长

我任统计局长以来，面对人少事多，经费不足等各种困难，抓住四个“抓手”，取得了一定的效果。

第一个“抓手”——抓基础，目的是提高统计工作的“规范”程度。首先，我们努力加强统计业务培训，四年来，共培训各乡镇、部门、企事业单位统计业务人员300多人次；其次，是加强统计基础建设，依法设立基层统计机构，配备统计人员，规范行政、企事业单位统计报表报送制度；再次，注重抓好源头数据质量，如：利用农业普查年机会，在乡镇（街道）推行首席统计员制度，促进基层统计人员把好源头数据质量。为推动和鼓励各地在基础工作上下功夫，市财政每年从预算中安排部分资金对首席统计员和助理以及农茶场统计员、行政村兼职统计人员进行考评奖励，这有力地推动了基层统计工作的开展。

第二个“抓手”——抓服务，通过优势服务充分发挥统计职能作用。我们以反映和跟踪经济社会发展中出现的新情况、新问题为重点，密切关注经济社会运行情况，加强经济运行分析，不断提高每月经济运行分析质量，为市委、市府领导决策提供依据。四年来，共撰写统计分析300多篇，上报本市和上级信息260篇。同时，有针对性地对一些重点项目开展专题调研，为市委市、市政府提供决策参考。我们紧紧围绕市委、市政府创业竞赛活动搞好工作，针对全市创业竞赛和绩效评估出现的新情况，撰写专题资料上报市委、市政府。同时做好对各县市绩效评估、创业竞赛点评分析工作，实事求是地反映全市经济社会发展业绩，特别是针对固定资产投资工作量大的情况，与项目办进行联审，确保了统计数据质量。

第三个“抓手”——抓法制，努力推进依法行政工作。我们通过广播、电视等形式和手段，加大统计法律法规的宣传，先后印发各种宣传提纲6000多份，上街开展统计法律法规宣传4次。同时，通过市委党校，为干部培训班上《统计法》知识课程。四年来，加强了各类统计违法案件查处，对那些在统计上弄虚作假、拒报、迟报、瞒报、漏报的单位依法行政，共立案调查20起，其中经济处罚13起，警告和通报批评7起，有力地维护了统计工作秩序。

第四个“抓手”——抓队伍，加强机关建设。我们不断加强思想教育，树立干部职工“守土有责”的意识。认真抓党风廉政建设，坚持教育为主、防范为主的方针，落实党风廉政建设责任制。开展机关效能建设和政务公开工作，建立和完善了岗位责任制和服务承诺制，把效能建设与创业竞赛、统计业务结合起来。

夯实基层工作的思路与建议

罗昌西 // 重庆市铜梁县统计局局长

统计是科学决策管理的重要依据和基础，已成为各级领导的共识。近几年，区县在统计调查网络建立、统计方法制度改革、统计直报系统建设、加强统计执法检查、提高统计服务水平等方面取得了一定的成效。但在实际工作中，我们深深体会到，基层统计尚存基础不稳不牢的现状，应该加大力度打牢这个基础。对此，我们的思路和建议是：

一、加强基层统计队伍建设，健全统计工作网络。

一是强化乡镇、街道统计工作。目前，乡镇、街道一级统计职能被弱化，一无专门的机构，工作职能挂靠在经济发展办公室；二无专门的统计人员，兼职统计人员素质普遍不高。希望上级统计部门加强协调，从政策法规上予以规范，明确乡镇街道统计的机构、职能、工作范围、人员配备标准和工作经费等。二是加强区县统计调查力量。近年来，统计调查任务越来越重、项目越来越多，基层的负担越来越重，区县统计部门承受的压力越来越大，人力、物力、财力非常紧张。建议在可能的情况下，每个区县成立调查队，承担调查队布置的各种抽样调查、专项调查，编制、人员、经费也由调查队直接管理。

二、加快统计方法制度改革，满足各方需求。

一是健全服务业统计制度。目前，服务业统计制度很不完善，市统计局核算GDP或有关行业、产业的增加值需要向重点服务企业布置报表，区县为满足地方需要也要设计报表向重点服务企业布置，同一重点服务企业可能重复报表。建议国家统计局牵头设计服务业各行业的统计制度，统筹服务业的统计工作。二是改革完善现行统计制度，精简过时和不必要的统计指标。现行统计制度中建筑业、房地产开发、劳动工资统计的年报或定期报表基本上实行的全面统计，建议这些专业实行重点调查与抽样调查、典型调查相结合的统计方法制度。另外，建议研究劳动工资统计指标融入行业统计的报表制度，精简劳动工资等专业统计制度中不必要的统计指标（如从业人员变化的构成等）。调查方案的设计特别是统计指标的设计要尽可能征求基层统计部门和调查对象的意见，力求报表、指标简便易填，又能保证调查需要和调查质量，同时，也要统筹考虑、合理调整各调查方案的调查时间、调查样本。三是完善基本单位统计制度。基本单位数据库是改革统计方法制度，确保统计调查全面、准确的基础性工作。建议认真研究基本单位数据库的维护方式，要充分利用好工商、税务等部门的行政记录资料，积极探索统计登记与部门（工商、质监、国税、地税、民政等）行政审批的联动工作机制和基础管理信息共享机制，适时维护更新纳入基本单位名录库，包括个体户基本情况数据库。

三、强化对部门统计工作的指导，加强行业统计工作。

目前，统计部门存在一个误区，就是认为统计部门自己组织开展的统计调查才可信，数据才有权威。于是什么调查、什么统计都由统计局承担，在市里和区县，一些原本是部门（行业）统计的工作也由统计局承担（也有指导思想的问题）。希望上级统计部门站在统计发展的高度和为基层统计工作减负的角度，加强部门统计工作的指导和管理，严格控制非法报表和重复报表，只要部门需要就应该交给部门负责，这样才能切实减轻统计部门和基层报表单位的负担。统计部门可以加强业务指导和执法检查，提供技术支持和相关统计信息平台，实现统计信息资源的共享和有效利用，搞好相互配合、沟通和协调，而不是包揽本应由部门统计自行承担的统计工作。

四、加快统计信息化建设，提高统计工作效率。

传统的统计工作手段难以适应形势发展的要求。因此，统计部门要充分发挥和利用先进的科技手段来加强统计的基础工作，提高统计工作的效率和统计工作的水平。在统计信息化建设方面，希望国家统计局牵头统一规划，统一标准。同时，加大对区县的支持力度，特别需要资金、技术方面的支持。

贫困山区更要知难而进

王永平 // 重庆市奉节县统计局局长

奉节县统计工作在县委、县政府的正确领导下，在各级各部门的大力配合支持下，取得了较好成绩，为上级统计部门和县委县政府决策管理提供了详实资料。然而，就我们贫困山区的工作现状看，还存在着基层统计工作较难开展，农村基层统计网络不健全，县乡两级统计力量薄弱，统计手段落后，数出多门现象比较突出等等。这些问题，制约和影响统计数据质量和统计服务水平。

对此，通过学习和思考，我们深感必须有相应的对策，有的放矢、加大力度给予解决。

1、要加强学习，增强责任心和事业感。《中华人民共和国统计法》和《重庆市统计管理条例》，是开展统计工作有力的法律依据和保障。各级各部门，特别是领导干部要认真加强学习，领会其精神实质。深刻认识统计工作在社会主义市场经济中的地位和作用。各级各部门、单位的统计人员要加强业务学习，增强责任心和事业感，树立良好的职业道德，维护统计的真实性、严肃性和权威性。

2、要加强统计执法工作的力度。统计执法是确保统计数据质量的有效的法律手段。各级统计机构要认真组织学习或宣传《统计法》，并与组织、纪检、监察机关密切配合，协同作战，扎扎扎实实地抓好在统计中弄虚作假的查处工作，集中精力查处一批大案要案。对有震慑力和教育意义的案件，通过新闻媒体进行公开报道，做到“查处一案，教育一片”。对瞒案不报、压案不查，甚至包庇、袒护违纪违法的行为要坚决追究责任。县统计局作为统计执法工作的主体，要经常督促检查，发现问题及时处理。

3、要加强基层统计机构网络建设，保证数据源头质量。为了维护统计工作快、精、准，科学、规范、真实的统计指标体系和统计方法，统计的权威和数据质量，加强统计机构网络建设是一项十分重要的基础工作。各级政府、部门不能只要统计数据时就找统计部门，不要数据就忘记统计部门。政府要真正地赋予统计机关一定的权力，各部门要支持统计机关行使“权力”，统计部门要大胆使用这个“权力”。而行使这个权力除了加强统计法制建设、严肃统计纪律以外，还必须有一定的组织保证，就必须建立一个集中统一、强而有力的统计体制。改变业务统计与综合统计各自为政的状况，从以条条统计为主真正改为条块结合的统计体制着手。根据库区、山区的实际，各乡镇成立统计站，负责本辖区内的统计上报工作，同时更应加强统计工作的管理力度，保证数据源头质量，任何企事业单位都要按照《统计法》和《重庆市统计管理条例》的规范，设置原始记录和统计台账，建立健全统计资料的审核、交接和档案等管理制度，促进统计基础工作的规范化，努力从源头上堵塞弄虚作假，防干扰于未然。把各企业、各部门的统计人员划归综合统计部门统一管理和考核使用，使现有的各企业、部门的统计人员名副其实地成为统计局派出人员，理顺监督与被监督的作用，使综合统计成为分布在各单位、各部门、各地方的统计监督体系。考虑到贫困山区县、库区县的财政承受能力，可以从各部门和企业中统计人员的经费（包括工资、福利、奖金以及必要的统计业务经费）逐步划到县统计部门统一管理使用。真正调动广大统计工作者的积极性，这样做既改变了统计工作“有头无脚，头重脚轻，下肢瘫痪”的状况，也为统计人员不受小集体利益影响，杜绝人为干扰统计数据，为保证统计数据的客观性和科学性作坚强的后盾。

4、要加强部门配合，确保数据一致。各级各部门要树立顾全大局的观念，打破部门界限，更不能要数据特权，切忌玩数字游戏，防止“官出数字，数字出官”的现象再度发生。各级各部门不能各自为政，各行其是，要互相配合、切磋、商讨、印证，保证数据质量。特别是一些各级比较重视、敏感度强的数据，更要引起高度重视。例如农业、畜牧业、工业、财政、扶贫、劳务经济等的数据，应有实际的数据来源和科学的推算方法，不能凭印象、经验、搞数字，这既有害于群众，也有损党和政府形象。县上级各部门对单位一些重要指标、数据在上报时，是否可找一些权威部门和人士进行认定、评估，或让各部门、单位的数据统一归并到一个综合部门上报，以求数据一致。

5、增加统计调查经费，尽快改全面统计为抽样统计。库区、贫困山区具有地理、人力、物力、交通等的天然不足现象，如果长期的全面统计工作开展下去，很难适应现代统计的需要，更难以保证数据质量。只有根据实际情况，因地制宜，改遍地开花为以点带面，改多为少，改粗为精，只有这样，才能保证数据质量。同时上级在经费的划拨上应对边远山区县进行政策上的倾斜，保证统计工作的正常运行。

总之，虽然地处贫困山区，但我们统计人贫不失志，更要知难而进，尽全力营造一个良好的统计工作环境，让统计真正成为政府的好参谋，为国家、为家乡、为人民奉献自己的力量。

提高工作质量的思考

杨承 // 贵州省务川县统计局局长

2006年10月，组织调整我到县统计局局长岗位工作，不少朋友说“统计部门无非按领导的意思造几个数据，工作应该很轻松吧”。听到这番话，心里有一种说不出的滋味。由此可以看出，统计工作由于专业性强，与外界接触不多，社会各界对统计工作的了解不多，统计工作人员所肩负的责任与社会地位很不相称。因此，提高统计工作质量，为构建和谐社会提供优质统计服务，是改善这种现状的有效途径。

当前，统计数据已成为各级党政领导科学决策的重要依据，社会各界和寻常百姓对统计的需求与日俱增。就我县而言，统计系统存在一些不适应当前经济社会发展需要的因素和问题。主要表现在，一是统计体制尚有不顺之处，基层统计工作难度增大，统计人才难进难留；二是县级统计机构的设置难以适应不断增加的统计工作任务，事业发展又缺少必要的资金支持；三是统计系统内部培训特别是对基层的培训不够力度，导致基层统计人员的政治素质和业务素质跟不上时代发展；四是统计的服务和监督职能未能充分发挥出来，使得社会对统计的关注度、信任度不够。

如何改善现状，提高统计工作质量，为构建和谐社会作贡献呢？本人认为应从三方面着手。

一、开展统计职业道德教育，推动统计文化不断向前发展。统计职业道德是统计文化的重要组成部分。统计职业道德的建设与发展关系到统计事业的兴旺发达。为此，有必要以多种形式在统计人员中广泛、深入地开展统计职业道德教育，使每一位统计人员都能做到爱岗敬业、求真务实、严谨科学、与时俱进、服务奉献。

二、优化统计环境。统计环境是指统计组织赖以生存和发展的各种外部政治、体制、经济、法律、社会、文化环境因素在相互联系和动态演化中形成的有机整体。在恶劣的统计生态环境下，不可能有准确的统计数据，也不可能树立统计的公信力。我们需要一个共建、共有、共保、共享的统计生态链，这是一项系统工程，需要社会各方共同努力。这种努力，首先要完善《统计法》，加强统计法制建设，提高法律的可操作性，加大执法力度，市场经济就是法制经济，我们一定要做到有法必依、执法必严、违法必究，保障统计生态环境的健康发展。其次要进一步增强县级统计局的力量。按照统计工作的流程对各级各类统计机构设置合理的内部机构进行系统优化。把统计局建设成为符合未来形势发展要求的，灵敏、快速、高效、精干的调查机构，提高效率，并使之适合网络时代的特点。县级按照普查制度规定成立适应普查任务要求的普查机构，应充实人员力量，确保适应承担各项普查工作的要求。同时，还要切实树立全国统计大系统的观念，各级统计部门的领导要多为基层着想，为基层办实事、解难事。在开展普查时，要贯彻受益者出钱的原则，按照受益大小分担经费，使基层统计局的领导从向上级要经费的尴尬局面中解脱出来。上级统计部门要切实为基层统计干部在待遇上排忧解难。一是争取提高统计人员待遇上的有关政策，二是对经济贫困县统计部门实行经济扶贫，增加经济投入，解决统计人员经济待遇差的问题，确保统计干部队伍稳定。

三、强化职能，提升服务水平。围绕“内创和谐，外树信誉，优质服务”的工作方针，努力克服各种不利因素，通过全方位的改革和制度创新，全力打造科学统计、依法统计、阳光统计、和谐统计、创新统计、优质统计的新形象。

树立新形象，要转变服务意识，增强统计服务的主动性。要转变工作重心，增强统计服务的实效性。由完成上级统计调查任务为主向完成上级统计调查与服务地方经济社会发展并重转变。要转变工作方式，增强统计服务的针对性，由传统工作方式向现代工作方式转变，应加快网络建设向基层统计部门延伸的过程，形成上下贯通的统一网络，最大限度减少无效劳动，努力提高统计分析信息服务的社会经济效益和时效性。要转变服务范围和服务形式，主要向反映经济发展、社会进步、人民生活、生态环境并重转变，增强统计服务的多样性和超前性。

统计，在县说县

张 昕 // 黑龙江省杜蒙县统计局局长

县级统计部门，既承担着贯彻执行国家统计制度方法，上报各种统计资料，组织指导各项普查等工作任务；同时还承担着为地方党政领导和社会公众提供数据服务，针对县域经济社会发展状况进行调查研究，开展统计普法宣传和执法检查等工作任务。然而，县级统计部门目前面临的困难和问题很多，明显不适应统计工作不断发展进步的要求。作为县级统计局的一员，我们对现实和发展的感触和认识，应该是既有共性也有个性。

结合实际具体来说，我们面临的困难和问题有这样几方面:

一是人员编制少，工作任务重。以我局为例，全局共有14人，除了局长、副局长、调查队副队长和司机4人，专业人员才10人，每个人至少要负责两个专业，要联系市局的好几个科室。换言之，县局一个人就相当于市局几个科，相当于省局的几个处，报表任务十分繁重。近些年上级部署的各项普查和抽样调查任务不断加重，每年都要忙普查，抽样调查任务更多。涉及普查工作时，全局14人一齐上阵，又要搞好组织宣传、又要做好培训指导，到最后审表时就忙不过来了，不论是领导还是一般干部，大家都一起干了。涉及各专业抽样调查时，靠一个人根本就忙不过来，也要从别的专业抽人。这样一来，其他工作势必受到影响。县局下辖的乡镇场统计人员编制也少，全县11个乡镇14个农林牧渔场，都只设置一个统计助理，而且多数不是专职。

二是搜集数据困难。现状是有的单位会计兼统计，有些私营企业根本就不设统计。这就造成了基层无数据、数据无来源的尴尬局面。虽然多数企业都能按要求报表，但仍有个别小企业缺乏主动性，即使我们主动联系他们常遭遇的也是不冷不热的态度。尤其是有些招商企业，对统计的配合度就更差了。还有一些不固定的流动企业，比如固定资产投资报表单位，很多企业主都不报表，你向他们要数他们就应付了事，有的单位连账都没有，报数想说多少就说多少。搜集数据困难的问题不仅存在于基层企业，还存在于广大农村。大家都知道，农村经济统计是一个大项，数据都来源于各村。然而现在是随着村级改革，村里没有统计员了，都是村会计兼统计。村会计挣的是会计岗工资，干统计缺乏积极性，统计台账的质量很难保证。如赶上人口普查、农业普查等大型普查，还存在抽人难的问题，原因是补助少、积极性不高，这无形中又加大了村会计的工作量，负责任的会计也许还好，不负责任的会计就不好说了。这些情况必然会影响到基层统计数据的真实性和准确性。

三是县局对下缺乏“力度”，领导地位弱化。统计数据来源于基层单位，来源于基层统计人员。但基层统计人员的任免、更换、奖惩都由本单位定夺，县级统计部门只是在业务上起指导作用，领导地位逐渐弱化。比如在乡镇统计助理的任用上，有的乡镇领导还比较重视，在用人上能和统计局沟通，选用一些素质好懂业务的人来担任统计助理。但也有个别乡镇不重视统计工作，不与统计局沟通就随意换用业务素质低的统计助理，这势必影响统计工作。还有，很多基层企事业单位也存在类似问题，在选用统计人员上特别主观。这些问题的产生，笔者认为根本原因就在于统计管理体制对基层缺乏监督力度。

四是统计经费少，办公设备层次低。县级统计部门的业务经费由财政负担，虽稳定但不足，无法满足统计工作不断发展的需要。与其他部门相比，统计部门办公条件比较差，特别是电脑少且配置低，很影响工作效率。县级如此，乡镇更差，多数乡镇统计助理没有专门办公室，没有电脑，还停留在手工汇表阶段，对此县统计局也爱莫能助。

面对问题，积极的态度应该是敢于正视，善于对策。对此我们做法是：

一、努力提升地位，树立统计权威。有为才有位。作为县级统计部门负责人，要经常向县领导汇报工作、反映情况，争取领导支持。只有这样，才能把自身工作思路变成全县统计工作的整体行动。统计部门也不能就数据谈数据，要放宽眼界，谋划全局，争取统计工作在全局上争取主动，从而逐步树立统计部门的权威，提升统计部门的地位。

二、强化统计功能，发挥服务作用，争当部门排头兵。除了完成省、市部署的各项工作，县级统计部门还要为县委、县政府和社会各界提供统计咨询和统计服务。就我们的情况看，县领导重视统计数据，各部门需要统计数据，社会各界关注统计数据。在新的形势下，如何搞准数据做好服务是摆在我们面前的重要课题。所以，必须以加强统计基础建设为前提，以加大执法检查力度为保障，以加强数据质量控制为根本，以深入开展统计调研和分析为延伸，强化统计部门工作职能，充分发挥统计在县直部门中的作用，争当县直部门中的排头兵、领导眼中最值得信赖的参谋和助手。

三、深入调研，跟踪分析，创建信息服务平台。要围绕县委、县政府关心关注的问题开展调查研究，比如工业经济、畜牧业、农产品价格等，为领导决策提供有益参考。同时，要搞好统计分析，明确各专业的任务，严格统计分析质量。进度分析要及时准确，专题分析要有层次有见解。要继续利用好原来的《统计月报》、《统计分析》等数据服务载体，发挥统计部门的优势，为县领导提供快捷的数据服务。同时，要丰富服务载体，搭建新的平台，创建杜尔伯特统计信息网，做好维护和更新，及时反映统计工作进展情况，为全县各界提供网络数据服务。

四、苦练内功，提升素质，培养一支作风过硬的团队。统计事业的兴衰，统计工作的成败，和统计队伍整体素质的好坏息息相关。县级统计部门工作繁重，困难较多，人员又少，怎样才能以较少的人员争取更好的工作成绩是至关重要的。首先，要苦练内功，为统计干部创造良好的学习和成长环境，使他们在统计工作的实践中不断提高自己的业务素质。其次，要关心干部的政治进步和生活待遇，帮助他们解决工作和生活中遇到的困难。第三，注重统计文化建设，增强统计工作人员的大局意识、团队意识和服务意识，逐步培养一支不但能战斗而且能战胜、作风过硬的统计团队。

五、克服困难，加强协调，展现统计部门新形象。大家常说，统计部门无权无物就有10个数。我们也常说，统计局没钱没权可是有感情。什么是感情？感情就是善意的沟通、理解和协调一致。我们本来就不是实权部门，如果再过死门日子，整天就以数论数肯定是不行的。客观上的体制因素和部门性质，决定了我们开展工作的难度。这些困难也不是一朝一夕能解决的，也不是我们县级统计部门能够解决的。所以说，必须加大宣传，用统计数据传递我们的真诚，用统计分析阐释我们的睿智。同时，要通过开展调研、交流学习等机会多和基层报表单位接触，争取他们对统计工作的理解和支持，从而展现统计部门的新形象。

在改革中进步发展

朱建宁 // 江苏省南京市下关区统计局局长

为保证统计数据质量，我们结合规范统计基础工作，从源头抓质量，强基础、促规范、求提高，认真落实数据质量控制的各项要求，这一系列举措收到了预期实效。

南京市在地统计改革以来，城区统计工作经历了一场深刻的变革。一是统计范围从区属统计转向区域在地统计，就下关区而言，统计调查单位由当初的二、三百家扩展到二、三千家；二是拓展了统计领域，从经济指标为主转向经济、社会等全方位的统计；三是随着第一次经济普查的完成，要根据普查的结果核对主要经济指标，并对历史数据进行调整修订和完全接轨；四是各级党委、政府更加关注统计工作，为城区统计职能更好地发挥提供了平台。同时，区域统计的变革使统计对象数量成倍增加，统计队伍迅速壮大。

作为这一变革的亲历者和参与者，我们下关区统计局是从以下几个方面着手着力开展工作的。

一、大力强化统计系统基础建设。只有加强局机关自身的统计基础整体进位，才是提高统计数据质量的有力保障。我们认真落实江苏省、市统计局关于统计基础规范化建设的要求，不断夯实基层基础。我们努力充实加强统计队伍，完善内部科室设置，目前统计局工作人员总数达到20人，其中正式工作人员达到17人。根据发展要求，我们调整内部设置为“五科一队”，率先成立社会事业科，使统计范围拓展到经济和社会各个方面。我们切实抓好统计部门的规范化建设，修订了《区统计局工作职责》，明确了各科室职能，建立完善了各项规章制度，制定了《区统计局基础工作规范化标准》，明确了统计流程，建立完善了全区各类统计台账和数据库。我们大力加强街道统计建设，街道统计承担着辖内中小企业报表收集、大型普查、专项、抽样调查的数据采集任务，是全区统计基础建设的重要环节，为加强这方面工作，在全区街道开展了以规范基础工作为主要内容的“统计达标活动”，制定了《街道统计科工作规范》和《街道统计科综合管理制度》，明确统计科工作职能和统计人员岗位责任，建立了街道统计综合台账。我们还通过达标活动的开展，确保街道统计“有牌子、有班子、有制度、有场所、有设施、有流程”，规范提高了街道统计水平。目前，各街道统计科独立运转，制度职责上墙，人员配备不低于3人，办公设备配备齐全，建立了“依表登记、即时添加、动态更新、按月整理、季度检查”的工作台账管理机制，保障了统计工作的有序开展。

二、以质量建设为重点推进企业统计规范化。为抓好企业行为规范，我局印发了《关于进一步做好企业统计工作的通知》。各科室联动，结合专业特点制定规范化标准，对企业统计机构设置、组织领导、统计环境、人员配备、制度建设、凭证管理、台账建立等提出具体要求，规范企业总产值、增加值、销售额等核心指标的计算过程，严控数据质量。全区重点企业统计制度和职责基本建立，统计台账和原始凭证基本健全，统计数据基本准确，统计基础工作得到充分的规范。

三、部门协作强化统计数据质量评估利用。我局定期与区工商、国税、地税、财政、劳动保障、交管等部门开展交流与联系，及时获取了第一手行政记录资料(其中企业注册、企业纳税和社保交纳等资料都是按月获取)。在区财政局等有关部门的支持帮助下，我们初步建立了全区企业分行业月度合并税库，包括的企业基本涵盖了全区所有规模以上工业企业、资质以上建筑企业、有开发和销售的房地产企业、重点限额以上贸易餐饮企业、重点交通运输仓储企业以及重点服务业企业，通过对这些重点企业纳税情况进行月月跟踪，作为对主要行业和企业进行质量控制的重要依据。我们通过采取趋势比较、异动审核，监控数据质量等方法和措施，从多个层次和多个方面对全区主要企业生产经营状况、纳税情况、劳动用工状况、个人社会保障情况等方面，进行全方位的跟踪和分析，掌握了许多鲜活的评估资料，从另一个方面推动了统计数据质量的提高。

四、加强统计监测推进主导产业规范。工业和交通运输业是我区的主导产业，几乎占到全区GDP总量一半以上，我们通过对这几大行业的监测和规范，进一步夯实了我区主导产业的统计基础工作和数据质量。一是我局狠抓了全区工业统计规范化管理，对全区所有工业企业的数据的采集、加工、汇总、上报各个环节加以规范。建立和完善了工业、交通、能源、价格调查的四类工业统计台账。对规模以上工业企业同时用生产法和收入法计算工业增加值，严控数据质量。二是根据区情，我区对年收入在1000万以上的30家交通运输企业实施了统计月报制度，对重点交通运输企业及时进行跟踪监测，经常向市局有关处室汇报大型交通运输企业的生产经营状况，确保了交通运输行业统计数出有据、变化有因。

五、不断夯实服务业统计基础。服务业统计是一项新工作，任务重，要求高，难度大，为搞好服务业统计，我们一是下发通知，要求各有关部门（单位），切实加强对服务业统计工作的组织领导，分解任务下街道，对全区六街道统计科进行服务业统计质量考核；二是通过对全市服务业重点调查制度的认真领会,在学懂弄通的基础上，我们结合下关区实际，制定了《下关区服务业统计报表制度》和《下关区服务业重点行业调查工作方案》，对全区服务业统计工作提出明确规范和具体要求，为全区服务业最终统计核算奠定了基础；三是建立健全服务业统计名录库。针对服务业统计单位面广量大，变动频繁等特点，我们大力加强服务业统计名录库的维护，在第一次全国经济普查名录库的基础上，及时与区工商、国、地税等部门联系，利用这些部门的名录资料，维护服务业统计名录库。

通过规范统计基础，强化统计数据质量监控，使我区统计环境、网络、渠道进一步完善，依法统计的意识进一步强化，统计工作服务于区域经济社会发展的能力显著提升。

基础 质量 保障

卢凤华 // 河南省新安县统计局局长

质量是统计工作的生命。近年来，我们新安县统计局坚持“发展、完善、规范、提高”的工作思路，按照“基础、质量、保障”三个方面六项工作的总体要求，深入践行“抓基层、抓基础、抓平时”的统计工作理念，牢固树立质量意识，紧紧围绕提高统计数据质量这一中心，强化措施、狠抓落实，在统计工作健康、持续发展的同时，统计数据质量稳步提高。我们的主要做法是:

一、狠抓队伍建设，提高整体素质。统计工作质量的提高，一支素质高、业务精、能力强的高素质统计队伍是基础。我们按照培养一支“会算、能写、擅讲”的高素质统计队伍为目标，狠抓队伍建设。首先，我们在加强统计力量上下工夫。受历史原因影响，我局专业技术人员少、力量薄弱一直是制约发展的瓶颈，为此，我们积极向县委、县政府主要领导反映，在县委、县政府的重视和支持下，近年我局先后新增事业编制23名，统计力量不断壮大。同时，针对乡镇没有专门统计机构、统计力量薄弱、人员更换频繁的问题，县政府专门出台了《关于加强统计工作的意见》，要求各乡镇必须成立乡镇统计信息中心，并配备2名以上专职统计人员，还规定统计人员的调换要报县统计局备案，县局也出台了《乡镇统计工作考核办法》，把统计信息中心建设和统计人员的管理列为重要的一项内容。其次，在提高人员素质上加大力度。统计工作涉及面广、专业性强，要求统计人员不仅要具备统计知识，还要具备相应的经济知识，我们把提高人员的素质作为一项重点，首先严把进人关，对于新进入县统计局的人员，坚持“逢进必考”的原则，通过选拔考试把具备一定专业知识、素质高的人才选拔到工作岗位上来。之后是加强教育培训。对局内工作人员，我们制定了业务学习制度，定期组织业务学习及考试，并把考试成绩作为年终考核的一项重要内容；对于乡镇统计人员，我们每年都要有针对性的组织业务培训，内容包括国民经济核算知识、统计方法、统计制度、统计法律法规、统计分析、计算机知识等内容。并通过组织统计人员持证上岗培训，通过培训使新进入统计战线的基层统计人员尽快掌握统计知识和统计法律法规，对基层单位的统计人员，通过统计年报、大型普查、临时性调查等机会进行培训。

二、围绕示范目标，搞好规范化建设。统计基础规范化建设，是保证统计数据质量的关键。2006年以来，我们围绕创建统计基础规范化建设“示范单位”的目标，按照“县局抓提高、乡镇抓管理、基层单位抓普及”的规范化建设工作思路，坚持规范化建设不放松。在抓好局内各专业的规范化建设上，我们要求局内各专业，把规范化建设和日常工作相结合，把规范化作为一项日常的基础性工作来抓。县局结合省、市规范化建设的方案，按照创建规范化建设“示范单位”的目标，出台了各专业规范化建设标准，并建立了规范化建设督促检查制度，每月对各专业规范化建设进行一次检查，每季度对各专业规范化建设情况进行一次评比验收，奖优罚劣。同时，我们组织专业人员到省内、市内的先进县市参观学习，汲取先进经验，提高我县规范化建设标准。目前，通过自查，局内大部分专业已达到了规范化建设“示范专业”标准，六月底前，所有专业均可向洛阳市局申报规范化建设“示范专业”。在抓好乡镇统计信息中心的规范化建设上，我们认识到，乡镇统计是联系县统计局和基层调查单位的纽带和桥梁，而且随着统计工作的发展和统计制度的完善，乡镇统计承担的调查任务也越来越多，为此，我们把乡镇统计规范化建设作为全县规范化建设的重心来抓。首先，健全统计网络。长期以来，乡镇统计都是各自为战，即工业统计归工业办公室管理，农业统计归农经站管理，而且人员不能专职，经费也没有保障，不仅乡镇统计之间缺乏沟通、交流，而且推诿扯皮、工作不落实的情况时有发生。为扭转这一不利局面，我们取得县政府支持先后几次下发文件，要求各乡镇必须按文件要求，成立统计信息中心，配备2名以上专职统计人员，统计信息中心要做到有房子、有制度、有电话及网络、有微机设备、有规范的档案资料。针对机构改革后乡镇机构、人员变化较大的情况，要求各乡镇统计信息中心在以往规定的基础上，要有固定的经费，同时，要给统计人员适当的补贴，通过待遇提高他们的工作积极性。通过县督查办及统计局的联合督查、落实，目前全县11个乡镇均成立了统计信息中心，配备统计人员30名，其中专职人员22名，微机11台，所有乡镇均实现了与县局的联网，工业、投资专业还实现了网上直报。其次，规范统计流程。我们出台了乡镇统计信息中心的规范化建设标准，把报表从部署、收集、审核、汇总到上报的每一个环节进行了规范，同时，县局实行包乡责任制，各专业分包各乡镇，对乡镇统计信息中心的规范化建设进行业务指导。我们还把规范化建设作为乡镇统计工作考核的一项重点，规范化建设达不达标，作为数据联审的一项依据。我们还针对基层单位多、基础参差不齐的特点，坚持“典型示范”的基层单位规范化建设思路。为此，结合各专业、各行业基层单位的实际情况，我们制定了近10个专业的基层单位规范化标准，这些标准不仅有共同之处，便于有多项专业单位操作，还突出专业特点，保证了与市规范化要求的一致性。第三，我们把基层单位按照基础分为好、中、差三个档次，对不同档次的单位坚持不同的指导重点。如好的单位，我们把提升档次作为指导重点；中等单位，我们把完善设备、实现网络连接、规范资料管理作为指导重点；差的单位，我们把加强力量、配备设备、规范资料管理作为指导重点。

通过近年来的努力，我县统计工作基本达到了“统计管理制度化、统计业务流程化、统计台账电子化、统计资料档案化、乡镇统计信息化”的要求，统计数据质量也不断提高。

作为一个县统计局长……

桂芝 // 内蒙古自治区通辽市科左后旗统计局局长

我毕业后就被分配到旗统计局工作，至今已近30个年头了，可以说是统计战线的一名老兵，经历了从科员、到办公室主任、再到副局长、又到局长的职务变化。27年统计工作和不同岗位的经历让我有着这样的体会：任科员时把自己承担的工作做好，争取获奖，这就是最大的责任；任办公室主任和副局长时，职责范围广些，努力协助局长工作，但遇到难办之事就交给局长了，或向局长讨主意，然后照办，就比较轻松或者说省心。当了局长“在其位谋其政”，最初的感觉是有“三难”：办公经费不足工作开展难；人员素质较低提高工作质量难；调查对象复杂搜集数据难。

时光很快，一晃担任局长好几年了，对于“三难”的感觉变成了一个最大感受，就是“责任”，深感作为一局之长责任大如山。也就是说，作为局长，无论单位的大事小情，都必须切切实实地负起责任，认认真真地把一切事情办好。回顾几年来的工作，经验谈不到，体会有这样几点。

体会之一，作为一个县级统计局长，在工作管理上要明确自己的职责，统揽全局，全面掌握自己职责范围内的具体工作。在指挥具体实施过程中，既突出重点又兼顾全面，既注重当前又着眼长远，只有这样，才能全面高质量地完成各项任务，并在此基础上开拓创新。如何掌握这一点？就是要全面了解掌握当年及今后一段时期的全部工作任务，理清工作思路，全面组织实施。比如每到新年伊始，就要做好筹谋计划。要全面了解掌握上级业务部门和全旗当年及今后一段时期的全部工作任务，做到心中有数。然后要将全部工作根据目标要求，分清统计局当年必须完成的或能够完成的和必须逐年完成的或只能逐步完成的工作；分清重要工作和一般性工作，做到有计划、有步骤完成工作任务。同时，根据各项工作的轻重缓急，做出工作计划，并按计划组织实施。例如，我根据统计工作的职能，确立了全局“明确目标，突出重点，优质服务，与时俱进，开拓创新”的工作思路。首先，把工作总目标定位到服务和监督上，明确三个主要服务对象：上级业务部门，旗党政领导及其工作部门，社会各界。其次，明确三个主要服务对象中的重点工作和一般性工作。即：对上级业务部门而言，重点工作确定为各项普查。一般性工作是制度内的日常统计工作和临时任务。对旗党政领导及其部门而言，重点工作确定为定期提供国民经济运行情况的数据资料和分析材料，以及对目标考核重点指标实施的监测。一般性工作是旗里的公益性活动和临时性任务。对社会各界的服务工作是根据要求提供统计优质服务。再次，根据全旗基层统计基础建设滞后且又不可能在短期内改变的实际，确立了在全面推进的同时，抓典型引路的思路。一方面，积极争取旗领导的支持，争取早日完善基础建设工作，同时，要建立健全乡镇统计机构，逐步充实乡镇统计队伍。

体会之二，作为一个县统计局长，不但要能够安排好本单位的各项工作，还要能够及时把握全旗经济和社会发展态势，对影响整体经济社会发展的因素有清醒的认识，只有这样才能充分发挥统计服务、咨询和监督的职能。而要做到这些，一方面在经济全球化的今天，仅仅掌握全旗的运行态势是不够，还必须对国内外经济形势有所了解，才能认清影响全旗经济走势的外因。另一方面，还要对全旗整体经济的构成及经济运行质量进行分析，找出影响整体经济走势的内因，并提出促进全旗经济社会快速、协调、可持续发展的合理化建议。除此之外，还要掌握各级党和政府的方针政策，分析政策因素对整体经济的影响，同时监督各项方针、政策的落实情况。

体会之三，作为一个县统计局长，在人员调配上量体裁衣，要合理利用人力资源，既要择优重用培养，又要全面关怀培训，注重调动职工的积极性。要善于理清工作思路，做出工作计划后，就要层层具体落实到班子成员和职工身上组织实施，在实施过程中，要充分发挥班子成员和职工的特长，提高工作效率，促进工作任务的圆满完成。这方面要根据班子成员和职工的特点进行分工，扬长避短，提高工作效率。每个人都有自己的长处和短处，要用其所长，避其所短。在分工时，根据每个人的特点，将其调整到合适的岗位上。我上任后，首先，在个别征求意见的前提下，根据班子成员的特点进行了工作分工：两位助手中，一位擅长写作，并在统计部门工作多年，我分配他分管统计决策咨询和统计执法工作；另一位从未接触过统计业务，我分配他分管基本业务，让他尽快熟悉统计业务，早日进入角色。其次，对职工的岗位做了相应调整。为了加大统计服务工作力度，提高统计服务质量，将积极肯干、责任心强、熟悉业务的人员调整到窗口专业上来，收到了很好的效果。对其他同志，我也力争做到量才而用，以尽其所能。同时，要不断加强班子建设，统一思想，团结协作。每个班子成员都有各自的优势和潜能，要信任他们，同他们多沟通，遇事讲民主，重大问题集体研究决定，不搞一言堂。分工明确，各负其责，大胆放权，让每个成员有职、有权、有责。在工作中，由于每个人的思维方式和处事方法不同，在处理同一问题时，有时会产生不同的意见。做为局长，既要主动与班子成员进行沟通，保持思想统一，防止班子成员之间发生误会而影响团结或出现矛盾，又要把思想统一到最佳的方案上来。如果激化矛盾，那将在班子成员间留下阴影，再也不好弥合，日后就很难再密切合作。因此，班子成员间的思想沟通要保持经常化。所以，我做到了在安排工作任务之前，先召开班子会，或提前打招呼，统一思想认识后，再分头落实。这样可以达到事半功倍的效果，从而，调动了每个成员的积极性，保证了整体工作的全面跨越。

体会之四，作为一个县统计局长，要注重制度建设，作风建设，与时俱进提高工作水平。针对干部职工存在的思想、作风问题，积极开展思想作风纪律的整顿工作，为此我们制定了《考勤制度》、《学习制度》、《廉政建设制度》等一系列规章制度。对此，要求局领导成员率先垂范，要求全体职工从我做起。职工队伍建设要在狠抓管理中理顺工作关系。我们制定了目标任务管理责任制，实行问责制、限时办结制、过错追究制等制度规范业务程序，以高标准、高品质、高效率来要求职工。形势逼人，现在经济体制改革不断深入，科学技术发展日新月异，统计制度方法不断改革和创新，这就要求县局全体职工要跟上时代步伐，不断更新知识，以满足工作需要。例如：随着我国市场主体的多元化，日常全面调查的统计方法将逐渐缩小范围，取而代之的抽样调查方法将被广泛应用，这就要求职工熟练掌握各种抽样调查方法；又如计算机及应用软件在快速更新，职工必须及时掌握使用方法。职工不仅要学习掌握业务知识和技能，还要对国际国内形势及党和政府的方针政策有所了解。因此，要采取方便、快捷、节约的方式对职工进行更新知识培训，提高职工的素质和工作水平。几年来，我们通过班子成员讲课，连接宽带网等对职工有针对性的培训，效果很好。

体会之五，作为一个县统计局长，要特别强调以人为本，充分调动职工的工作积极性。统计局的工作很辛苦而待遇又很清苦，一局之长能否真正做到以人为本，是统计局的凝聚力所在。每个人都有物质和精神的需求，我任局长以来，经常考虑如何满足职工物质和精神这两大需求，充分调动他们的工作积极性。为此制定了局机关目标考核奖励办法，对在全市目标管理评比中获奖的予以奖励。同时，通过单位的《统计参考》刊发职工的署名文章，增加他们的知名度，有效地调动了职工的工作积极性和责任感。例如局里有一名职工，以前我多次提醒和督促他写写统计分析，但他积极性不高。针对这一情况，我们就用实际效果调动他的积极性，把他的一篇统计分析署名刊发在《统计参考》上。旗委信息科看到这篇分析后，感到很有参考价值，就直接给他打电话向他约稿。这一促进和推动，使他觉得自己的分析得到了肯定，很有成就感。之后每个月他都主动认真写分析稿件，再也不用催了。我觉得，工作中取得的成绩是大家努力的结果。只要把大家的积极性调动起来，就会取得新的、更大的成绩，作为局长，应该把留人、用人视为搞好统计工作的一个重要基础，并以夯实这一基础为职责，使统计事业前进有后劲，发展有实力。

体会之六，作为县级统计局局长，要把工作重心向基层倾斜，在加强乡镇统计队伍建设、夯实统计基础上下工夫。我们的工作都是自下而上逐级完成的，如果基层工作做不好，将影响全面工作。就统计工作而言，统计的源头数据来自基层统计人员，如果基层统计人员素质不高，对统计对象、范围、方法等掌握不准，就会使调查数据失真。如此层层汇总上报的数据也就失去了真实性，因而会导致依此做出决策的失误，给国家和社会带来不可弥补的损失。因此，基层工作队伍建设至关重要。几年来，我们通过各种专业会议，对基层统计人员进行了专业培训，提高了他们的业务素质。同时，通过全市的统计人员持证上岗考试，极大地提高了全旗统计人员学习统计业务，提高专业技能的意识。

体会之七，作为一个县统计局长，要不断提高综合协调能力。正确处理好为上级统计部门与当地领导和有关部门服务的关系问题，是同一事物的不同方面，其目的都是为了服务经济社会的发展。做好这项工作，需要综合协调的能力和艺术。服务对象不同，服务内容、形式和要求也有所不同。在协调过程中，一个局长的心理状态如何，直接影响协调的成败。要以积极的心理状态去争取，有不达目的决不罢休的精神；还有做好协调工作，要有良好的品格，就是说要正直、诚信，说老实话做老实人，表里如一，襟怀坦白，言行一致，这样才能取得对方的理解和信任；再就是要掌握好协调的尺度，协调过程中要学会站在对方的角度想问题，理解对方，以实现双方共同接受的目的。

体会之八，作为一个县统计局长，在自身修养上，要不断完善自我提高自己的综合素质。打铁首先要本身硬。局长的一言一行，一举一动，直接影响全局每个同志。所以必须提高自身修养。良好的修养来自学习，当局长工作再忙也不能忘了学习。统计是一门科学，知识涉及到方方面面。所以我尽量利用一切可以利用的时间学习更多的知识，包括统计以外的其他专业知识。当统计局长以来，我感触最深的就是：一个连自己专业知识都了解和掌握不深的人，是无法领导统计局部下职工的，因为“以其昏昏，使人昭昭”是不可能领导好一个整体的。同时一个局长的学习精神直接影响到全局的学习氛围和效果，领导起表率作用带头学好，就有助于在全局营造一个学习氛围，把统计局营造成学习型统计局。另一方面良好的修养来自注重培养自己良好的道德情操，用人格的魅力影响他人。要经常学习党的纪律作风的有关规定，养成民主决策和清廉从政的作风，提高执政修养。我经常告诫自己，要求班子成员做到的自己首先做到，要求下级不做的自己首先不做；遇有艰巨任务要勇于冲锋在前与职工同甘共苦。

如何当好“一把手”

肖景良 // 内蒙古自治区赤峰市敖汉旗统计局局长

21世纪是知识经济时代，统计工作面临着新的机遇和挑战，党中央提出的科学发展观对统计工作提出了新的更高的要求。这使我经常思考这样的问题——如何才能适应新形势，胜任县统计局长这一工作?

县级统计工作是统计工作不可缺少的重要组成部分和重要基础，我体会到在一个县统计局，当好“一把手”应该努力做到这样几个方面。

一、刻苦学习，努力提高个人素质。现今统计工作专业性很强，信息化程度也很高。新形势下要更好的发挥统计的信息、咨询和监督职能，需要“一把手”带头学习并通过加强政治理论学习，正确理解科学发展观的深刻内涵，准确把握中央关于经济社会发展的指导方针和一系列战略决策，不断提高贯彻落实科学发展观的自觉性，从而带领全局同志站得更高看得更远，能够应对各种挑战，能够更好地解决统计工作中的实际问题。同时要加强业务学习，提高个人素质，工作再忙也要抓住业务学习不放松，从而加强自己的统计分析能力，做业务素质的排头兵。

二、树立以人为本的观念，充分尊重统计工作者的主体地位和创造精神。“一把手”要千方百计地调动全局同志的积极性、主动性、创造性，尊重劳动、尊重知识、尊重人才、尊重创造，让一切有利于统计建设的创造愿望得到尊重，创造活动得到支持，创造才能得到发挥，创造成果得到肯定，使全局同志的创造活力竞相迸发、充分涌流。在干部队伍建设上注重以事业感召人、以感情凝聚人、以适当的待遇留住人的管理理念，营造团结向上、努力学习、爱岗敬业、积极进取的良好氛围。

三、要增强大局意识。当前，搞好统计的科学性、准确性、权威性是统计工作的大局。当一个好的“一把手”，必须以科学发展观为统领，在全局同志中弘扬对党、对国家、对人民、对统计事业高度负责的精神，坚决服从和切实维护这个大局，努力更新不适应社会主义市场经济体制的统计观念，改革统计制度和统计方法，积极推进统计改革和建设，切实维护统计工作的统一性，强化统计工作的集中统一领导、严格执行国家统一的统计标准的指标体系、调查方法和统计工作规程，坚决执行国家各项统计改革部署，不折不扣地完成国家统计调查任务，确保统计工作政令畅通。

四、努力加强领导班子和统计队伍建设。统计工作任务繁重而艰巨，要完成这些任务，关键是要加强统计队伍建设，统计工作要有一支勇挑重担、开拓进取的统计队伍来承担。要积极创建统计文化，树立创业、爱业、敬业和守业的思想，大力弘扬统计职业道德和求真务实精神，增强统计人员的责任感和使命感。搞好团结是各项工作的前提，团结是顺利开展工作的基础。“一把手”要搞好领导班子团结，促进大家精诚合作。要善于调动班子成员的积极性和创造性，放手班子成员工作，对副职给予充分的信任和支持，善于沟通，相互理解，与副职多交流思想，帮助副职解决工作中的问题和难题。同时搞好全局干部职工的团结，创造一个和谐的工作环境，更大程度地发挥干部职工的积极性和提高工作效率。在对干部职工严格要求的前提下，要多关心关怀干部职工的工作和生活，帮助职工解决工作中的困难和问题。教育大家统一思想，努力创造一个团结向上的氛围。队伍建设离不开统计业务培训工作，提高干部队伍的整体素质，要充分利用各种培训资源，拓展培训渠道，有计划有步骤地组织开展统计业务、法律法规、经济、社会等各个方面知识的学习和培训，不断提高干部的整体素质。

五、带头学习统计法律法规，用法律武器武装自己。在统计执法中不说外行话、不做违法事，做先锋做表率。宣传贯彻统计法律法规，我经常担当普法的授课老师，而且站在主管领导的角度逢会必讲。严格执法，坚决护法，我们经常积极主动地抓统计执法检查工作。这项工作敢于执法、善于执法说起来容易做起来难，作为“一把手”针对一些碍于情面不愿查、遇到阻力不敢查、业务不熟不想查、有背景的单位不便查等诸多倾向，要旗帜鲜明率先垂范带头守法执法，从而增强统计人执法信心，提高统计法制队伍的执法水平。

六、要有强烈的改革意识和创新精神，“创新的胆子更大一点，思路更开阔一点，工作更活一点”。统计创新必须有超前的服务意识，更好地为地方经济社会发展超前服务，要积极推动统计工作闯出新路，做好统计服务的大文章，使统计服务跨上一个新的台阶。

谈提高“六大素养”

许义藩 // 黑龙江省依安县统计局局长

结合几年来从事统计工作的感触和体会，我感到要当好一名县级统计局局长，以下这“六大素养”很重要。

一要勤于求知学习。不放松学习，是不断适应新的工作需要，做好本职工作的重要前提和保证。统计工作专业性强、信息化程度高，在新形势下如何更好地发挥统计的信息、咨询、监督职能，无疑是摆在统计工作者面前的新课题。作为县统计局局长，必须努力适应新时期统计工作的需要，要认真学好国家的各项方针政策，对经济发展形势要做深入的了解，特别是要对统计工作具体政策法规都要做到精通。不但要自己亲自带头学，还要在全局营造一个良好的学习氛围，树立良好的学风，着力建设学习型机关。要通过学习把统计队伍建设成政治合格、业务过硬、作风严谨的队伍。只有不断学习，一名基层统计局局长才能真正打开视野，做到胸怀全局，心中有数，才能更有效地带领本部门贯彻落实好新时期统计工作的改革创新。

二要勇于迎接挑战。当前，统计工作正面临着新的机遇和挑战，原有的统计管理体制和统计指标体系已经不能适应经济发展和经济结构多元化的客观要求，县级统计部门的劳动强度与统计资源配置不匹配。特别是近年来，定期开展的周期性普查和不定期开展的专项调查工作正在增多，统计工作量不断加大。统计部门经费沿袭过去的拨款方式，所拨经费难以满足需要，统计工作人才外流，新增统计科目，事增人不增，各种设施相对老化，这些都成为制约统计工作开展的主要问题。作为基层的统计局局长，对于这些矛盾不能回避，也不可回避，必须立足县情，勇于面对。要全面深入了解和掌握本地统计工作的现状，善于发现问题，积极寻求破解问题的方式方法；树立不怕困难的主动意识和进取精神，一方面要千方百计改变客观因素，另一方面要积极发挥主观能动性，从而推动统计工作高效开展，更好地发挥统计整体功能。

三要甘于吃苦奉献。统计工作要求高、涉及面大、责任重，同时也是一项清苦的工作。因此，需要有吃苦奉献的精神。统计局长这一职位，在百姓眼中实属无权岗位，在部分领导心中被视为弱势群体，然而其责任却很大，不能有任何差错。特别是所面临的工作任务，多为非行政指令性，这就需要方方面面去做大量的督促协调工作。特别是一些工作任务具有强的时限性，需要加班加点，作为基层的工作负责人就必须当好突击队长，冲锋在前，吃苦在前，为具体工作人员当好表率。

四要乐于创新实践。统计工作必须适应不断发展变化的客观实际，作为基层统计局，要认准统计改革的战略目标，紧盯“三个不适应”薄弱环节，在国家统一领导下，积极探索，勇于创新，敢于尝试。这一点对条件艰苦、任务艰巨的基层统计部门来说，显得尤其重要。而基层统计局局长所面对的挑战，无疑是首当其冲的。实践证明，同样承受着任务重、人员少的压力，哪个地方的改革创新力度大，哪个地方的工作就主动，就会取得突破性的进展。因此，要牢固树立“以作为求地位，以服务求发展”的理念，把统计优质服务工作作为统计宣传的主要方式，在服务观念上实现由单纯为上级统计部门服务到重点为县委、县政府服务的根本转变，实现由被动服务到主动服务和超前服务的根本转变，实现由一般服务到优质服务的根本转变。同时，创新还体现在加强统计法制建设。统计局局长要把普法宣传工作作为工作科学创新的的重要方面，要按照统计普法实施方案的要求，大张旗鼓进行统计法律法规的社会宣传动员，努力增强全社会统计法制意识；认真贯彻落实统计巡查制度，以强有力的统计行政执法检查促进统计事业发展。

五要善于统班带队。一个好的集体，关键在于一个富于凝聚力和战斗力的领导班子。一些地方的统计工作之所以能取得许多突破性进展，能够很好地实现局队一家，力量捆绑使用，能够获得上级领导的充分肯定，靠的是班子的团结奋进、坚强有力。因此，必须以公平、公正、公开来促进机关勤政廉政与效能建设再上新水平；必须形成以岗位责任目标为核心，以行政公示制为形式，以过错追究制为手段，以评议考核制为保证的行政、业务管理及绩效考核管理体系。这里，规章制度所表达的是共识，是默契，是局队的公共秩序，是公平公正的竞争。惟其如此，我们的各项工作才能够全方位、有重点地开展。统计事业一靠科技，二靠法制，归根到底靠人才。吸引人才，留住人才，发挥人才的聪明才智，关系到统计事业能不能可持续发展。尊重人才，就要发挥群体优势，发挥人才互补作用；要以事业留住人，要让每个人看到自己的前景，让人相信只要勤奋努力工作就会有好前景。建设一个团结协调，积极向上，开拓进取，勇于创新，才智能得到充分发挥，劳动成果能得到尊重，每个人的价值能得到充分体现的统计局，这就是我们期望营造和追求的工作环境。基层统计局局长应该把留人、用人视为搞好统计工作的一个重要基础；还要有高度的政治责任感和科学的态度，决不能搞急功近利、短期行为，以确保统计事业体现科学发展观要求。

六要长于协调上下。统计工作要发展，要有所作为，离不开各级领导的重视与支持，离不开各有关部门的协助与配合。基于这种认识，我们在实际工作中应该争取主动，主动向政府领导汇报统计工作，让领导及时掌握统计工作的情况，全力支持统计工作开展，着力解决统计工作所面临的问题。

说理顺“六个关系”

赵学宝 // 甘肃省酒泉市肃州区统计局局长

县级统计机构是国家统计体系非常关键的基础环节，是事必躬亲，寓千条线于一身的工作载体，具有非常重要的承上启下作用。要做好这一层次的工作，处理好以下这“六大关系”非常重要。

一、依法统计与科学统计的关系。依法统计是规范统计秩序，实现依法行政的前提；科学统计是正确执行统计方法制度的体现。而在基层实践中，既有的一些统计方法制度还需要完善，比如文化产业、旅游产业、中小企业一些指标的统计等。要解决好这些问题就必须在国家现有统计方法制度基础上，结合县域实际情况，以科学发展观为指导，客观描述、完整统计，确保源头数据的精准真实。

二、统计业务与统计服务的关系。在基层实践中，县级统计部门在统计业务上要接受上级统计部门的部署和指导，以确保统计政令的畅通；在统计服务上要侧重为党政决策部门服务，为区域公众服务，为经济社会发展提供量化的决策依据。

围绕公众关注的热点话题、年度经济指标实现程度等，提供有针对性的统计服务产品。

三、统计局与调查队工作头绪的关系。就甘肃的86个县市区来看，设置国家调查队的仅30多个县市区。因此，县级统计局承担的工作任务不仅仅来自于上级统计部门，来自县以上调查队安排的调查任务也不少。这些调查量大面广，加之经费紧张，交通设备落后，完成任务非常不易。因此，基层统计局长就需要从大局出发，统筹兼顾，既要做好统计局的工作任务，又要做好调查队安排的工作任务。

四、政府统计与部门统计的关系。近年来，部门统计相对薄弱，县级政府统计部门不但要充分发挥好管理、监督职能，还要发挥好咨询、服务职能，在敦促业务部门认真履行法定职责的基础上，帮助和指导部门建立健全适应经济发展的统计网络及数据库，逐步构建符合新形势要求的政府综合统计和部门统计新框架。如，针对肃州区酒泉高新技术产业园区，试建统计网络和数据库，不仅方便了统计管理，也减轻了统计部门的工作压力，政府统计和部门统计相得益彰。

五、常规统计与大型普查的关系。国家开展的经济、农业、人口三项普查，从启动到结束均在三年左右时间，形成了前一项普查尚未结束，后一项普查就要启动的周期。由于从上到下都将普查办公室设在了统计局，这给县级统计部门增添了巨大压力。一是组织协调的难度越来越大，人员、经费难于落实；二是普查培训任务越来越重。培训教师都是统计专业人员，不仅因培训占用非普查业务时间，还和统计季度、年度报表时间冲突。为了实现统计、普查两不误，县级统计机构的负责人必须科学处理好两者关系，避免顾此失彼。

六、统计力量与统计负荷的关系。目前，县乡统计机构和统计人员不断减撤，许多地方的乡镇统计机构有名无实，人员编制也一再压减。县统计局虽然单设，但人员编制也严重不足。与之反衬的是，统计调查对象和调查内容急剧增加，加上承接的大型普查任务，县级统计部门面临巨大负荷。因此，县级统计部门负责人，就要善于协调好各方面关系，完成好各项工作任务，不仅是对其能力的考察，也是对其毅力的考验。

方圆相济“三步走”

徐建萍 // 湖南省宜章县统计局局长

统计法规是规范统计工作秩序的准则，没有规矩不成方圆，我们在工作实践中讲求方圆相济：贯彻执行法规上做到“方”，处理违法案件上做到“圆”，防止片面“硬”和片面“软”。同时采取“三步走”法制工作之举，提升了统计法规的威慑力。

所谓方圆相济，就是把握一个关键点：强化统计法制意识。具体说，一是加大普法力度。全县上下联动，先后组织300余名统计人员及分管领导学习《统计法》《湖南省统计管理条例》《统计执法检查规定》等法律法规。在普法培训中，采取理论讲解与实际案例分析相结合的方法。选取统计违法典型案例，从违法事实、执法程序、处罚依据等方面逐一分析讲解。二是组织交叉检查。组织乡镇和企业办统计员集中进行统计数据质量交叉检查，评估统计数据是否准确，统计数据上报是否规范等内容。乡镇和企业办统计员普遍认为：交叉检查为乡镇统计员创建了一个互相学习、相互交流的平台，促进了乡镇基础工作。三组织统计调研。我们从人大代表、政协委员、离退休老同志中聘请10名依法治统监督员，定期组织下基层开展统计调研检查，发挥了依法治统监督作用，拓宽了依法治统监督途径，营造了全社会重视统计法制工作的良好社会氛围。

所采取的“三步走”就是突出一个重点：加强统计执法检查。首先，违法查处讲究方法。抱着对执法工作的责任感，顶住各种压力，大胆执法；查处违法案件时讲求技巧，如在执法检查日一个星期之前，主动争取受检单位配合，使其明确统计执法检查的依据与目的、重要性与严肃性。其次，法条适用讲求准确。在查处案件中，始终坚持实事求是的原则，不偏私、不循情，依法依规定。针对案件材料进行综合分析，是违法还是未违法，是违法较轻还是严重违法。严格依照统计法律条款及规章“对号入座”。再次，执法处理注重效果。只有受检单位对违法行为能够认识深刻，对处理决定口服心服，并积极调整统计数据和上报整改措施，才能达到查处统计违法案件的目的。因此，我们力求在法律法规执行上的方圆相济。

近年来以方圆相济为原则，采取“三步走”做法，我们狠抓了违法案件查处工作。共检查83个单位，涉及工业、卫生、环保、教育、房地产等行业，其中违法案件有36例，案案有结果，件件是铁案。

一要做表率二要敢创新

于保清 // 安徽省亳州市涡阳县统计局局长

2001年，我从一个乡镇党委书记的岗位来到县统计局当局长。这些年来，若说工作体会，我觉得最重要的就是，一要做表率，二要敢创新。

先说做表率。我觉得带好一个团队，两个因素不能忽视，那就是表率和管理。表率，我注重言传身教；管理，我讲求规范有序。具体说是这样：

一要带头学习。除坚持自学政治理论，统计业务和法律法规知识外，我还坚持每周两次集中全局人员学习不动摇。在我的带动下，县统计局成为了学习型机关。在此基础上，我把机关效能建设作为重要工作来抓，修订、完善了《岗位责任制度》《依法办事制度》《服务承诺制度》《目标考核制度》等十二项制度，使机关管理工作步入了制度化、规范化轨道，在全县政风评议中被评为先进单位。

二要严格自律。在领导班子中我不搞一言堂，带头执行党风廉政制度，来人招待按照标准，下基层调研从不在基层吃住。严格要求工作人员，从珍惜一张白纸做起，厉行节约。

三要真抓实干。在编印统计资料时，经常和工作人员通宵加班，不少人戏称我是“拼命局长”、“工作狂”。

再说敢创新。我觉得要想把一个县统计局的工作干得出色，有两个关键：一是创新，二是服务。创新，我力求重点突破；服务，我注重产品质量。具体我是这样做的：

一是数据质量实现新突破。我主持建立数据质量评估制度，制定评估办法，上报的数据经市统计局认可反馈后再对外公布，数据质量有很大提高。

二是基础建设实现新突破。近年来，我们多方协调，在全县各乡镇配备了专职统计人员。亲自起草制订了《乡镇、县直单位统计报表报送时间和要求的通告》，并在广播、电视和《涡阳报》上公开发布，理顺了报表渠道。相继开展了“统计基层基础建设年”、“统计基层基础加强年”活动，使乡镇经济信息服务站达到了“五有一保”；站（所）、村（居）委会达到了“六有”；规模以上企业达到了“七有”。

三是依法统计实现新突破。我们组织开展了行政执法培训和法律知识竞赛；对统计违法行为进行严肃查处。几年来，共查处统计违法案件30多起，罚款近10万元。我县统计法制史上首起统计行政复议案、统计行政诉讼案均以统计局的胜诉而告终，净化了统计工作环境。

四是服务水平实现新突破。我们积极努力为党政领导和社会各界提供了大量时效性强、质量较高、内容超前的统计信息和分析资料。每年撰写的统计信息都在百篇左右、统计分析

50篇左右，很多文章被媒体采用。几年来我们编印的《统计信息快报》《统计专报》《统计年鉴》《涡阳县情》《涡阳的昨天、今天、明天》《解读小康》《统计知识ABC》《经济普查读本》《农业普查读本》等15种统计资料共50000多册。为提高服务时效和扩大影响，我们采取所有专业报表在报送后的次日，都要提供一条反映当月（季）情况的信息，且三日内要写出一篇有针对性的专项分析，在报送县领导、县直有关部门和乡镇负责人的同时，还在市县信息网、县广播电台、电视台、《涡阳报》上发布，让公众在第一时间了解到涡阳经济运行情况。

三个关口和三个意识

胡艳萍 // 湖南省长沙市岳麓区统计局局长

近年来，我们湖南长沙岳麓区统计局在推进统计基层基础建设方面进行了探索和尝试，我们的做法是：以“三个关口”夯基础，以“三个意识”抓服务。

一、“三个关口”夯基础。首先，加强队伍建设，把好“人员关”。一是培养大局意识，每季度召开街乡统计员会议，布置任务，点评工作，增强其责任感和使命感。二是加强业务培训，组织各专业年报培训、联网直报培训以及不定期业务培训。三是提高基层待遇，稳定基层统计队伍。对已取得专业技术职务资格的乡街统计人员，按照国家有关待遇规定予以落实；对从事统计工作时间较长、工作业绩突出的，在提拔和享受待遇方面优先考虑。

落实法制建设，把好“监管关”。开展“统计数据质量年活动”，加大对统计违法行为的查处力度。以《统计法》颁布为契机，结合全国经济普查，开展以《统计法》和《全国经济普查条例》为主要内容的统计法制宣传活动；公布统计违法举报电话，做好受理举报工作。

再次，健全管理制度，把好“基础关”。建立基层统计工作目标管理，并将其纳入基层领导班子绩效考核；健全基层统计机构，落实“房子、牌子、章子”，备足统计人员，业务和普查经费纳入财政预算，切实改善软硬件办公条件；督促企业配备1名以上专（兼）职统计人员，开展规范性统计工作。

二、“三个意识”抓服务。强化时效意识，提高服务水平。定期发布《年度国民经济和社会发展统计公报》《年度统计提要》《经济运行月度快报》和《统计分析》等统计资料。为全区绩效考核工作会议提供了《绩效考核工作目标完成情况及分析预警》，起到了及时有效的监测预警作用；面对50年一遇的冰冻灾害，及时收集数据，撰写了《冰冻灾害对区域经济的影响》，为抗灾补损工作提供参考依据，得到领导好评。

强化精品意识，提高产品质量。认真监测经济运行状况，密切跟踪新情况、新问题。围绕推进长株潭城市群“两型社会”综合配套改革试验区建设以及构建“大河西”发展趋势，加大分析研究力度。建立统计分析和信息奖励机制，涌现了不少分析精品。

强化社会意识，拓宽服务领域。利用岳麓统计信息网发布统计信息，打造服务社会的平台；做好统计咨询服务，满足公众对统计信息的需求；及时反馈统计数据资料，为企业提供行业形势分析和监测以及预警，通过网络和电话接待统计咨询每月达60余次。

我们的“四个网络”

廖少杰 // 江西省瑞金市统计局局长

统计基础工作是整个统计事业大厦的基石，要使统计事业不断发展，就必须抓实基础工作。我们的做法和体会是：抓好“四个网络”，盘活全面工作。

一、构建宣传网络，强化法制意识

统计宣传是一个很大的工程，要立体化多形式，构成网络才有实效。为此我们，一是采取全方位抓宣传的方式，利用大型普查机会，通过广播、电视、报纸、流动宣传车等方式宣传统计，扩大统计工作的影响力；二是采取业务培训渗透的方式，利用年报会、业务培训会、深入基层调研等机会向统计对象宣传规范统计的意识；三是利用统计法制宣传的机会，通过统计普法、统计执法检查等工作，和抓典型、曝光违法案件等形式对调查对象宣传统计法规，提高《统计法》的威慑力。

二、构建队伍网络，保障统计力量

统计工作要适应新形势新要求，就必须构建相对稳定的统计队伍网络。首先要保证统计人员不缺位不缺岗，保证统计人员的工作时间，保持统计工作的连续性；其次要保证统计人员能够胜任统计。为此我们通过统计专业知识培训、以会代训、点对点面训等形式向统计人员传授统计专业技能，鼓励年轻干部积极参加职称考试，提升统计人员的业务水平。

三、构建信息网络，提高工作效率

构建统计信息化网络是重要的基础性工作。一是督促企业建立电子档案，规范实施统计联网直报机制，并通过网络就统计工作进行交流；二是通过设立地方网站与相关部门沟通和交流，发布统计信息，实现统计信息资源的传输和共享。

四、构建“部门”网络，实现信息互补

在加强基础建设工作中，要理顺部门统计与政府综合统计的关系，形成既明确分工又通力合作的部门统计网络。落实这项工作，我们通过经贸委、中小企业局等涉工部门做好规模以上工业企业协调工作；通过工业园管委会做好园内企业协调工作；通过发改委、城建、房管部门做好固定资产投资报表的布置、收集工作，督促企业做好基础工作。形成企业、部门、政府三位一体的统计合力，实现资源的合理配置与资源共享。

跳好“五步曲”

王耀文 // 陕西省靖边县统计局局长

基层统计局长工作在统计一线，肩负着“带好队伍、搞实数据”的重任。如何当好基层统计局长?我的体会是要跳好这样一个“五步曲”。

一步曲——坚持一个原则

统计数据质量是统计工作的生命。我始终把“不出假数”、“真实可信”这8个大字定位为职场原则，并采取如下措施：一是做好单位名录库的更新和维护，及时掌握单位变动情况，确保调查对象不重不漏；二是要求工作人员定期调研，实地查看企业经营、投资进度、市场销售情况，评估数据精准度；三是每月召开数据分析会，就数据是否反映经济社会运行趋势、如何提高统计服务水平等进行讨论，制定相关办法措施。

二步曲——增强两个素质

统计局长作为一线指挥员，需要增强两个素质，才能胜任工作。一是胸怀全局心中有数。针对时代对统计工作的新要求，跟上新形势，营造实事求是的统计氛围，掌握科学准确的关键数据；二是加强学习提高业务。要认真学习统计业务知识、统计方法制度，统计调查和分析技能、计算机应用技术等，努力使自己成为行家里手。

三步曲——树立三种意识

基层统计局长需强化三种意识：一是表率意识。带头执行各项规章制度，同时要求班子成员真正起到表率、示范作用，保持领导的威望和信誉。二是信任意识。要发挥每个副职的作用，使班子形成讲大局、讲团结和互相尊重、互相支持的良好氛围。三是依靠意识。作为基层统计局长，必须牢固树立对工作伙伴的依靠意识，思想上尊重，感情上贴近，使统计机关成为一个团结的整体，一个有战斗力的团队。

四步曲——提高四种能力

基层统计局要从四个方面提高“实战”能力：一是驾驭能力。了解、熟悉领导的思路和要求，抓住根本和实质，联系实际展开工作；二是决策能力。要刻苦学习与统计工作密切相关的经济知识、科技知识和计算机操作知识，做到理论与实践的有机结合；三是组织能力。要对工作人员的思想状况、工作动态了如指掌，知人善任，辨证施治，把领导决策化为干部的自觉行动。四是创新能力。处理好调查活动与统计服务的关系问题， 树立超前意识、关注热点问题，在工作实践中提高创新能力。

五步曲——抓好五个环节

作为基层统计局长，把握和处理好以下五个环节至关重要：一是制度建设。以规范化、科学化、制度化为目标，制定了20多项考核机制，对干部进行年度目标量化考核；二是优质服务。及时、应需加工和发布《统计公报》《统计年鉴》《统计快报》，分析资料；三是信息化建设。建立健全统计信息工作制度，实现信息交流网络化，统计信息资源共享化；四是法制工作。编印《宣传手册》，组织统计法培训，开展统计执法检查；五是人才建设。加强业务培训、实行岗位资格认证，建立优胜劣汰机制来激励统计人员自学，增强统计人员接受教育的自觉性。

提高基层数据质量的方略

孙守义 // 安徽省淮南市田家庵区统计局局长

统计数据质量是统计工作的生命。各级统计数据来源于基层，提高基层统计数据质量，是新时期和新形势对统计工作提出的基本要求。

提高基层统计数据质量，必须抓住基础这个根本。

当前，基层统计工作仍然存在基础薄弱、统计台账不健全、填报统计数据不够规范的问题。求木之长，必固其根，欲流之远，必浚其源。没有扎实的基层基础工作，就不可能有高质量的统计数据。因此，必须从统计部门自身基础工作规范化建设入手，加大对统计调查对象的统计基础规范化管理，内外兼治，使统计基层基础得到改善，以保障统计源头数据的准确性和及时性。

提高基层统计数据质量，必须抓住人才这个关键。

随着社会主义市场经济的发展，统计职能的转变，统计指标体系、方式方法、技术手段等正处于比较重大的转变过程中，新的统计职能、新的统计指标体系、新的调查方式方法、新的技术手段，对于大多基层统计工作人员来说，还是比较陌生的。因此，要提高基层统计数据质量，必须想方设法加强统计队伍建设。要加强面对基层的统计业务培训，培养一线统计人才。要加强教育，以教育培训为突破口，针对不同层次、不同岗位人员开展多渠道、多形式的岗位培训和在职继续教育，着力提高统计队伍的理论水平、文字水平、计算机应用水平和经济分析能力，提高统计队伍素质，培养一批一线“统计专家”。同时，要保持正常的新陈代谢机制，充分激发统计队伍的活力。基层统计部门编制少，业务性强，专业要求高，人员流动相对而言比较缓慢，统计队伍缺乏必要的新陈代谢机制，就会出现“该进的进不来，想留的留不住”的现象，这势必在一定程度上影响统计工作的可持续发展。就拿我区来说，目前全区人口达53万余人，区统计局每年主体报表和各类普查调查任务达10多项，但人员编制只有4个。因为编制限制，新的人员调不进来，因为领导职数少，老的统计人员又提不上去。因此，必须尽快建立正常的统计队伍新陈代谢机制，一方面，根据工作量适当增加人员编制，保证队伍的活力，另一方面，根据需要设置专业性领导岗位。如在区级统计部门尝试增加总统计师或首席统计员等领导职数，以做到“人职匹配”。

提高基层统计数据质量，必须充分利用法律这个武器。

当前，要针对基层统计工作中的薄弱环节，必须进一步加强统计法制建设，大力推进依法治统进程。要加强统计法的学习和宣传，提高全社会对统计工作和《统计法》的认识；要加强统计执法检查，严肃查处统计违法行为；要加强统计执法队伍建设，提高执法人员素质；要杜绝“数字腐败”，确保统计执法工作的公平公正，努力克服统计工作和统计执法中的人为干扰。认真把好数据源头关，努力提高基层统计数据的准确性、科学性、及时性和统计工作的权威性，使统计基层基础建设、队伍建设、法制建设与统计数据质量管理协调发展，不断把基层统计工作推向前进。

为了数据的高质量

包志齐 // 湖北省鄂州市华容区统计局局长

随着改革开放不断深入，经济成分和利益主体日趋多元化，统计渠道和统计对象出现了许多新变化，对统计数据的真实准确造成不同程度的冲击和影响。面对新形势下的新挑战，我们坚持把提高统计数据质量作为中心工作和首要任务。从统计工作的制度化、规范化、科学化入手，加大综合治理的力度，积极探索构建统计数据质量监控体系的路子，不断提高数据质量。

一、规范管理手段，健全数据质量控制制度。加强对统计业务工作的规范化管理，是保证统计数据真实准确的重要一环。我们在认真监督检查各统计调查对象，严格执行各项统计制度的同时，不断建立完善统计数据质量控制办法和评估制度，强化对数据质量的总体控制。这项工作我们从三个方面着手的。

1.认真做好业务数据衔接工作，报表质量明显提高。各专业认真调研分析，搞好数据衔接评估，对重要数据召开专业会议分析讨论评审，保证了年报数据质量。全面、准确、及时上报各专业统计报表，统计数据质量得到市局的认可。我们对主要统计指标实行统计数据下管一级制度，保证了主要专业数据变化趋势的一致性，进一步提高了专业数据与GDP核算数据的衔接。

2.强化主要专业数据质量控制。为确保基础数据的真实可靠，各专业都加大了对基层统计工作的检查和业务指导力度，农业、工业、建筑业和批发零售贸易餐饮业等专业建立了主要统计指标数据质量管理审核办法。进一步规范了新进规模以上工业企业的审批制度，使新建成规模以上工业企业纳入统计范围的审批制度更加完善。为加强统计数据质量管理，我局结合专业的实际和特点，制定了数据质量控制程序和评估办法，严格实行“三审”把关，分月、季、年对数据质量进行评估，明确了评估的范围、原则和方法。有针对性地开展重点抽查和事后检查，不断加大对统计数据的审核评估力度。

3.实施重大项目现场巡视制度。为了保证工作落到实处，通过看现场、核查相关资料和审核审批程序，严把质量控制关。为提高投资数据质量，我局专门发文，进一步规范投资统计工作流程。对新开工项目，要求各级统计部门必须按分级负责的原则到现场核查，符合开工条件，并具备相关手续，方可纳入项目统计库中。严把项目统计“三道关”，即开工入库关、建设规模关、形象进度关，确保入库项目准确、可靠。对投资规模1000万元以上在建项目，要求统计人员每季度巡视一次，对进展做出总体评估，并形成巡视报告报市统计部门。对于新开工5000万元项目，局主要领导还亲自带领专业人员，到现场核查项目实际开工情况，并向项目负责人询问项目建设规划。我局先后多次组织了对全区新开工项目的督查，发现问题及时整改，大大提高了投资统计管理工作的规范性。

二、夯实基层基础，提高源头数据质量。统计基础工作的规范是保证统计数据真实准确的前提。区统计局加强了各层次的统计基础工作建设。围绕管理制度和工作要求，一方面抓现有规定、规范的执行和落实，一方面补充建立一系列新的规范性文件，进一步对各级统计机构的职能、责任、标准、流程从制度上进行了完善。我局还先后完成了乡级统计机构基本情况的调查工作，较好地完成了工业、建筑业、房地产、限额以上贸易业、餐饮业、住宿业等企业统计人员持证上岗状况调查，为今后强化基层统计工作提供了可靠依据。这项工作我们是从以下两方面强化的。

1.规范统计基础工作，畅通统计渠道。基层统计单位是统计大厦的基石，规范基层统计基础工作是保证源头数据质量准确与否的关键。为此，我们着重加强了以下几方面工作：一是建立健全基层统计工作网络，督促各基层单位配备专兼职统计人员并保持相对稳定，确保了信息渠道畅通，二是建立统计人员持证上岗制度，加强对统计人员上岗培训，参加培训人员须经考试合格，才能领取上岗证书，从事统计工作。三是督促基层建立健全原始记录、统计台账和统计档案，确保源头数据有据可查、真实可靠；确保基层数据连续性、可比性和完整性。目前全区各乡镇、各机关企事业组织统计台账比较健全，基础资料比较完整，档案管理比较规范，初步形成了数据采集、整理、汇总、核实、上报等科学工作流程，逐步走上了科学化规范化的轨道。

2.健全管理制度，提高数据质量。统计的生命在于真实，确保统计数据质量是统计工作第一要务。为了探寻一条提高统计数据质量的长效机制，我们结合实际，大胆创新，不断完善基层统计管理制度。具体做法是向全区各乡镇、各机关企事业组织制定、印发针对性很强的《专业统计考评办法》《报表报送签到制度》和《报表数据审核制度》，将基层日常统计工作纳入区统计局管理范畴。

三、开展业务培训，提高统计人员素质。统计业务能力的提高，是确保统计源头数据质量的一个非常重要的环节。在统计工作量不断增多、工作难度不断加大、任务与人员之间矛盾日趋突出的情况下，我们继续深入开展统计专业知识学习。一是积极主动开展继续教育工作，使继续教育工作规范化，经常化，并把它纳入局各专业考核，明确目标和任务，制订奖惩制度；二是利用年报会机会，分专业对各基层统计人员进行统计业务培训，提高他们统计技能；三是统计改革带来的统计业务新变化，我们早布置、早培训、多督促、多指导，及时了解和解决基层统计工作中遇到的困难，保证各项统计调查任务顺利地实施。从近几年来看，我们体会到，加强业务培训是提高基层统计人员业务能力的有效途径。

关于农业农村统计的思考

叱干睿 // 陕西省咸阳市彬县统计局局长

农业和农村统计工作是国民经济统计中的一个重要组成部分。重视和加强农业、农村统计工作不仅事关国民经济统计数据的准确与否，而且事关能否为各级党委政府科学决策“三农”问题，加快推进社会主义新农村建设，构建和谐社会，提供准确、详实的统计数据。

近年来，经过各级统计部门和广大农村统计工作者的不断努力，农业、农村统计工作取得的成绩是不容置疑的。目前，农村统计工作机构基本健全，统计人员素质不断提高，统计数据质量稳步提升。但我们也必须清醒地认识到，由于统计管理体制、统计制度方法以及对于统计工作的社会认可程度等诸多方面的因素，农业、农村统计工作中仍然存在一些亟待解决的问题。在现今农村经济社会快速发展和对统计工作提出了新要求的形势下，作为一名县级统计局局长，本人结合自己多年工作实际，现就农业、农村统计工作存在的主要问题和如何搞好此项工作谈一些看法。

一、乡镇统计工作机构隶属关系不明确，统计人员专职不专责。为了认真贯彻落实《统计法》，切实搞好农村统计工作，乡镇政府普遍成立了统计工作站，统计工作站站长由乡镇长或主管乡镇长担任，成员包括统计、农业、林业、水利、计生、财政等方面的工作人员，采取联合办公形式开展工作。但因其联合办公，工作人员不固定，统计工作往往只落在统计员一个人身上，所谓的联席会议制度、数据评估制度也只能流于形式。从管理上讲，乡镇统计工作站隶属乡镇人民政府，统计人员编制也在乡镇，对于乡镇统计工作站、统计人员，县统计局没有管理权，只有业务指导的义务。在如此体制下，乡镇统计人员经常被乡镇日常事务所困扰，统计业务工作只能用业余时间来完成。

二、农村统计基础建设薄弱，乡村级统计力量不足。乡镇统计工作站建设经过多年努力虽取得一些成绩，但与农村经济发展和统计工作的要求还有一定差距，存在一些问题，主要有如下表现：一是乡镇统计工作人员少、经费严重不足，一些必需的办公设施配备不全。二是乡镇统计工作站统计台账不完备，原始的统计资料搜集、整理归档不规范，村级几乎没有基本的统计台账和原始的统计基础资料。三是村级统计人员工作报酬不能及时兑现，影响了工作积极性。一些村级统计人员作统计报表只凭个人印象，缺乏对村里实际情况的调查了解。四是乡镇、村级统计工作均采取手工操作，没有现代化统计手段。

三、现行农业统计制度方法已不适应新农村经济社会发展的需要。改革开放以来，我国农村社会经济发展变化巨大，特别是在中央不断加大“三农”工作力度的情况下，广大农民从事农业生产活动的自主性不断增强，县、乡政府和村委会仅仅是宏观上的引导和政策方面的服务，农民种什么，养什么完全是农民个人的事情。如此以来，农民农业生产活动变得非常复杂。而农村、农业统计实行全面报表制度方法，要求由村、乡镇逐级汇总上报，实际情况是村级统计人员很难掌握各村各户的农业生产活动和其他活动，只能靠个人估计或者年初乡镇下达的生产计划上报统计数据，影响了统计数据的真实性。

四、农村统计工作队伍不稳定，经常性工作开展不够。乡镇统计人员工作能力的强弱，直接影响着基层统计数据质量。近年来，随着乡镇综合改革的不断深入，乡镇统计机构和人员岗位虽已保留，但统计人员变动频繁，流动性大，有的身兼数职，对于统计工作投入的精力和时间有限，这些都给乡镇统计工作造成一定的影响。村级统计人员一般都是由村文书兼任，能力强、文化程度高的村文书个人平时事务必然很多，统计工作大多情况下只是捎带活。文化程度低、年龄偏大、业务素质不高的村级统计人员工作力不从心，常常处于应付状态。

以上问题在目前农村统计工作中带有一定普遍性，成为制约农村、农业统计工作以及农村经济健康发展主要因素。

笔者认为，为适应农村经济社会发展和各级党委、政府科学决策“三农”问题的需要，加快新农村建设步伐，加强和改进农村统计工作刻不容缓，必须抓好以下几方面工作。

一、加强领导，提高认识。领导重视是搞好农村统计工作和提高统计数据质量的关键。各级领导要从全局的战略高度充分认识搞好农村统计工作的重要意义，把统计工作列入重要的议事日程，经常过问统计工作，关心基层统计人员的生活，解决统计工作中存在的问题和困难。从而稳定农村统计队伍，确保农业和农村统计工作正常有序开展。

二、理顺农村统计工作管理体制，落实村级统计人员报酬。针对目前乡镇统计工作站存在的问题，特别是机构不健全、人员力量薄弱、经费不能保证、必要的办公条件不具备等问题，笔者认为，解决这些问题的途径要从体制上着手。一是乡镇统计工作站由县统计局垂直管理，人员工资、调动、培训等交由县统计局管理；二是充实乡镇统计工作站的力量，每个乡镇统计工作至少配备两名以上专职统计人员；三是加强基层统计工作基础建设，配备必须的工作设备；四是要有足够的经费保障，落实村级统计人员报酬，以保证乡村统计队伍的稳定性和工作的连续性。

三、加强农村统计人员的业务培训，提高统计人员素质和工作能力。在理顺农村统计工作管理体制、充实统计人员的基础上，各级统计部门要加大对乡镇、村级统计人员的统计基础知识、业务技能培训力度，使他们能够胜任农村统计工作。县级统计局要制定管理办法和培训计划，加强管理，进行经常性的业务培训，以便使基层统计人员进一步适应市场经济发展的需要，确保统计数据源头质量。

四、不断深化统计制度方法改革，建立和完善新的农村统计调查、统计报表制度。在农村经济社会不断发展和市场经济渗透于农村、农业各个方面的情况下，农村、农业统计工作要适应这一发展的需要。改变传统的以全面报表为主的农村统计工作制度方法，采取以抽样调查为主，辅助以必须的全面报表，除人口、基层组织建设等统计报表外，其它农业、农村统计报表都可以采取抽样调查的形式，这样既可以节省一定的人力、物力，又可以通过抽样调查推算出可靠的统计数据，达到事半功倍的效果。

五、加强统计法律宣传，加大统计执法力度。首先，要采取灵活多样的宣传方式，大力宣传《统计法》等法律法规。通过宣传，使各级领导干部充分认识统计工作的重要性，从而提高他们统计法律意识，规范统计行为，切实做到依法统计。其次，要严格执行统计从业资格认定制度，着力提高基层统计人员的工作地位，建立工作总量与职务、职称工资福利待遇相配套的激励机制，以鼓励更多统计人员钻研统计业务知识，提高业务工作质量和服务社会的水平。再次，要加大对农村统计数据质量的检查和统计执法力度，坚决杜绝虚报、瞒报等统计违法行为的发生，把好数据源头关，切实做到数出有据、真实准确。严肃查处各类统计违法行为，以法律为武器，维护农村统计工作的环境和数据质量。

六、加快农村统计信息化建设步伐。重视农村、农业统计工作，要把加快统计信息化建设纳入议事日程。乡镇统计工作站均应配备微机和人员，逐步实现农村统计信息传播的自动化、网络化，以适应各级党委、政府科学决策的需要和社会各界对统计信息的需求。

强化乡镇统计的探索与创新

林碧莹 // 福建省闽侯县统计局局长

“基础不牢，地动山摇”。乡镇统计处于统计工作的最前沿，其状态和发展直接影响着整个统计事业。我们闽侯县从2004年机构改革以来，历经了如何面对形势变化，克服困难，与时俱进充实乡镇统计力量的过程。这个过程是一个不断探索的过程，是一个乡镇统计工作发展壮大的过程。

2004年，我们县进行机构改革，按照改革设计，闽侯县各乡镇不再设立统计站，只配备兼职统计人员，多头分管。面对这种现实，我们意识到，对这种局面要勇于正视更要积极应对。否则会出现统计工作受到削弱，统计人员的工作积极性不高，兼职统计人员频繁变动等消极现象，这势必影响统计工作质量，使统计难以适应经济快速发展的需要。

迎接挑战，迎难而上。为加强对基层统计工作的领导，稳定统计队伍，我县统计局进行了一种新的工作尝试。即与各乡镇领导协商选聘首席统计员，由首席统计员负责其辖区的统计工作。经过一段时间的试行，基层乡镇统计工作有了很大的改观，效果显现。我局乘势而上，积极向县委、县政府进行专题汇报，建议在全县各乡镇设立由首席统计员和农业、工业、人口兼职统计员组成的首席统计员制度，替代原统计站职能。县领导对此高度重视，大力支持。为此召开常委会进行专题研究，并发出了《闽侯县人民政府关于进一步加强基层统计工作的通知》，决定全面建立乡镇首席统计员制度。

我局及时根据通知要求，联合相关职能部门对各乡镇党委政府提出的统计员候选人进行了任职资格考核，并选任了56名专兼职统计员，开展乡镇基础统计工作。同时，由县财政拨出专款对首席统计员和兼职统计员每季度分别支付300元和150元的岗位补贴，提高乡镇首席统计员和兼职统计员待遇。县里还拨出专项经费为各乡镇配备了统计专用电脑，确保电脑专用，并用于电脑规范统计调查、整理归档等基础工作，做到数出有据，帐表相符，归档整齐，实现统计报表和统计台账的规范化管理。各乡镇统计员都有专门的统计办公场所，统计人员的变动需经乡镇领导研究同时征求县统计局的意见。统计工作经费乡镇应给予保证，确保统计人员相对稳定和统计工作的正常运转。

同时根据有关文件精神，我们建立了村级兼职统计人员制度和统计工作补贴机制，全县319个村（居）都配备了一名兼职统计人员，由市县两级每月发50元补贴。该制度的建立，大大稳定了基层统计队伍，充分调动了统计人员的工作积极性和主动性，统计工作质量得到了较大的提高。

为了提高乡镇统计人员业务工作素质，不断巩固和更新统计专业知识，我局针对全县乡镇统计分管领导和首席及专业统计员开展业务培训，先后举办各类统计业务培训班三期，培训人数达140人次，进一步提高统计人员的专业技术水平，取得了明显成效。

县统计局还制定了绩效考评办法，对乡镇首席统计员和兼职统计员实行动态管理，开展每季一评、年度总评的奖惩考核，每两年重新选聘一次，选优汰劣。

我们的做法引起了上级统计部门的关注和重视。原福建省统计局局长龚守栋曾专程到我县调研乡镇首席统计员制度，认真听取汇报，查看一整套制度，肯定了乡镇首席统计员制度的做法。南平、邵武等县统计局局长也曾来我县对此进行调研。

经过不断健全完善，我县的乡镇首席统计员制度在促进闽侯县基层统计工作科学化和规范化上起到了很好的促进，对提高统计工作质量和水平发挥出积极的作用。今后，我们将继续学习，勤于实践，勇于创新，不断推动基层统计工作向前发展。

把好数据源头的关口

吴建军 // 湖北省大冶市统计局局长

统计数据质量是统计工作的生命，作为基层统计部门，我们的责任是把好数据源头的关口，提供高质量的基础数据。对此，我们是这样做的。

一、夯实基层基础工作。正如保护“三江源”一样，要想保护江河少受污染，先从源头抓起。抓统计数据质量有相似的原理，要保证质量，必须从数据源头抓起。统计基础工作是整个统计工作的基石，基层基础建设是提高统计数据质量的关键。首先，要有基层队伍，健全基层网络。各统计单位必须明确有统计岗位，配有专兼职统计人员，这是基础工作的基础。在乡镇，由于乡镇综合配套改革，我市乡镇统计站被撤销，人员削减，乡镇基层统计受到严重挑战。面对如此严峻形势，我们通过多方努力争取，市乡镇综合配套改革办公室明确发文，要求各乡镇在改革时必须确保有一名专职统计人员（行政编制），2-3名兼职统计人员。专职统计岗位设在党政办公室，负责全乡镇综合统计工作，兼职统计岗位设在经济发展办和社会事务办，负责经济和社会统计。从运行的情况看，总体上落实得比较好。在部门和企业，要求必须有明确的统计岗位，安排1-2名专兼职统计人员，确保本单位、本部门统计任务的顺利落实。实践证明，只有完善的基层统计网络和统计队伍，才能为我们搜集最原始、最真实的基层数据，是保证我们统计数据质量的源头。“源清自有活水来”。其次，要有经费作保证，使各项统计工作落实有经费保障。在市场经济条件下，单靠原来计划体制时期的行政命令来落实统计调查任务，搜集统计数据已不能适应新形势需要，在许多抽样调查乃至普查中，行政手段和经济手段相结合，才能保证统计工作措施的落实，任务的完成。如为了搞好乡级抽样调查，我们争取市政府支持，通过市财政把各乡镇的经费直接划拨到统计局，再由我们直接发放到调查户和辅调员手中，效果很好，既保证了经费的落实，又增强了调查户与统计部门的感情，提高了他们对统计工作的配合程度。再次，解决好制度问题，确保各项工作有章可依。近些年来，我们陆续制定下发了《乡镇统计规范化标准》《企业统计规范化标准》，从制度上对基层统计工作规范化进行了明确，并出台了《基层统计数据质量评比方案》还把统计工作纳入了政府目标管理考核，把对基层统计管理改管“人”为管“数”，用数据质量管理方法来推动基层统计工作。

二、加强统计队伍建设。任何工作都需要人去做，统计队伍的素质是搞好统计工作，提高统计数据质量的决定性因素。近几年，我们在局内部深入开展“三讲”活动，即讲正气、讲学习、讲实干；推进“三大能力”，即统计调查能力、统计协调能力、统计分析能力的建设，在每个星期安排半天时间组织集中学习，每个职工轮流当老师，促进职工的学习热情，增强职工的学习意识，明确职工的学习责任。对基层统计人员，采取定期培训或考核的办法不断提高基层工作人员的业务素质，使他们熟练掌握统计新知识、新方法，特别是现代统计调查、统计整理、统计分析技能和计算机应用技术，并做到培训教育经常化、制度化、规范化，不断提高统计人员的业务水平。同时，我们不断加强统计职业道德和统计文化建设，推出行业职业道德的优秀典型，大力弘扬务实求真、认真负责、甘于奉献的统计精神，使广大统计工作者从指导思想上挤干“水分”，牢固树立质量就是生命的思想意识，使大家在工作岗位上自觉恪守统计职业道德，严把数据质量关。

三、加强统计法制建设。《统计法》是规范统计行为的基本大法，是提高统计数据质量的有力武器，也是建立统计数据质量管理机制的根本保证。我们在实际工作中，灵活运用《统计法》进行质量管理。一是认真执行《统计法》，强化统计源头质量控制。《统计法》第十九条指出：企事业组织应当设置原始统计记录、统计台账，建立健全统计资料的审核、交接和档案等制度。依照《统计法》规定，我们在基层统计规范化建设中突出高质量这个中心，进一步开展建立统计台账工作，要求各类基层单位必须按照全市统一印制的统计台账格式，设立各类台账，明确显示数据的采集、计算过程，确保统计报表、统计台账、原始记录数据三统一，做到数出一门，准确完整。

二是加大统计执法检查力度。把常规性检查、执法大检查与统计质量管理有机结合起来，有计划、有目的开展检查。一查统计员是否持证上岗，是否参加年度各类培训；二查是否按《统计法》要求统计档案、统计台账，是否数出有据；三查统计报表与原始记录是否相一致，有无虚报、瞒报、伪造、篡改等违反行为发生。同时，加大对违法行为处罚力度，提高违法成本，使违法者不敢违法。三是要加大普法力度，广泛宣传统计法律法规，增强社会各界的统计法制观念。重点是加强对各级领导和调查对象的宣传，增强其依法履行义务的自觉性。四是加大社会舆论和新闻媒体的监督。对比较典型的统计违法案件进行曝光，做到杀一儆百。

四、加强统计数据质量控制和评估工作。统计数据质量的监控与评估是一项复杂的、长期的系统工程，也是政府统计部门履行职责，加强统计监管的重要手段。为做好数据质量控制和评估工作，我们尝试在局内部成立数据质量评估领导小组，对综合、核算、工业、农业、投资等重点专业主要指标如：地区生产总值、工业增加值、全社会固定资产投资总额等指标数据质量定时实行评估。各专业的上报数据经专业人员、科室负责人、分管领导评审签字后，由评估小组评估通过再上报。通过此举，一方面提高专业人员质量责任意识，另一方面可提高上报的数据质量。

五、优化服务质量，争取社会更大的配合和支持。统计部门要有地位，必须有优质的统计服务，而统计数据真实可信是基础。反过来，统计地位的提高，又能促进统计数据质量的提高。有为才有位，我们把抓好优质服务放在重要地位。一方面创新方式，把等人上门改为主动上门，变被动服务为主动服务。不管是领导，还是部门、企业，只要他们需要统计数据和统计资料，我们尽最大努力及时满足需要。另一方面优化服务内容，使我们提供的数据是别人最需要的，我们提供的调研报告是领导关心、社会关注的难点、热点问题。只有这样，才能使统计在全社会得到更多的理解和支持，为提高统计数据质量营造更好的社会氛围。

“不出假数”、“真实可信”是党和国家领导人对统计工作的基本要求，又是很高的期望。每一个统计人，特别是基层统计工作者肩负重任。我们将以此作为行动指南，努力做好每一项工作，使统计数据质量不断提高，为经济和社会发展做出应有的贡献。

提高数据质量的建议

王陆建 // 甘肃省甘南州玛曲县统计局局长

县级统计部门是国家统计方法制度最直接、最基层的承担者。提高统计数据质量是统计事业改革和建设的出发点和归宿点，也是新时期和新形势对统计工作的基本要求。做到统计数据准确、及时、全面、客观、适用，并得到社会各界的广泛认同，各级统计机构和统计工作者责任重大。对此我们建议:

1.改革干部考核制度，完善干部管理体制。对各级干部的考核、评价以及相应的升迁、任免要建立严格、科学、规范的业绩评估制度，不能仅从“数字”上看政绩，要坚持定性和定量相结合，并赋予群众监督那些用于考核干部政绩的统计指标的权力。

2.依法开展统计工作，把统计执法纳入统计工作的各个环节。一是要严格执法。强有力的法律实施机制，使违法成本极高，从而真正杜绝虚报、瞒报、伪造、篡改统计资料等统计违法行为的发生。二是要加大普法力度，广泛宣传统计法律法规，增强社会各界的统计法制观念。重点是加强对各级领导和调查对象的宣传，增强其依法履行义务的自觉性。把常年性检查与执法大检查结合起来，加大统计执法的力度。三是加大社会舆论和新闻媒体的监督。对比较典型的统计违法案件进行曝光。四是提高统计数据质量，必须把统计执法纳入统计工作的各个环节。统计执法经常化，是从根本上保证数据质量、提高统计执法水平的标志。当前，要尽快建立一支人员稳定、经过专业培训、具有较高政治和业务素质的统计稽查人员队伍，以保证统计执法人员的综合素质能适应市场经济条件下统计执法工作的需要。在此基础上，把统计执法同专业统计执法工作密切结合起来。同时，还要通过广泛的普法宣传，增强全社会的统计法制观念，把强化统计法制建设落到实处，从而不断提高统计数据质量。

3.进一步改革和完善统计调查方法制度。科学可行的统计调查方法制度是保证和提高统计数据质量的关键。要对现行各种统计报表和指标，按照调查目的、对象、范围、频率等方面进行全面分析，清理、精简和整合现行各专业统计报表和指标体系。要提高统计数据质量，必须建立、完善与市场经济发展相适应的统计报表制度和统计调查方法。要根据任务和条件，从需要与可能相结合的原则来制订统计制度。要根据不同的调查对象，不同的调查内容，采取不同的调查方法。适当增加反映科学发展观、全面建设小康社会、新农村建设、和谐社会、节能降耗、文化产业、新兴产业等相关的统计指标。国家在制订统计制度方法时，不但要满足国家和省级的需要，还要考虑县级的需要和基层的承受能力。

4.加强统计基层基础建设工作。各级政府和统计机构要加强对统计工作的组织领导，严格按照“有机构、有人员、有资格、有制度、有台账”的五有要求规范基层统计基础工作，扎实做好统计源头基础工作。统计基础工作是整个统计工作的基石，要提高统计数据质量就必须加强基层统计组织的建设。一方面，要加大资金投入，解决经费问题和改善基层统计组织的工作条件，提高先进统计设施在基层统计部门中的普及率和应用率。可以考虑建立部分数据的有偿使用机制，帮助筹措更多的资金来更好地收集数据，以维持统计基层部门工作的正常进行。帮助统计机构建立激励机制，以奖励那些对数据的搜集做出突出贡献的人员。另一方面，要着手培养和提高基层工作人员的素质，采取定期培训或考核的办法不断提高基层工作人员的业务素质，使他们熟练掌握统计新知识、新方法，特别是现代统计调查、统计整理、统计分析技能和计算机应用技术，并做到培训教育经常化、制度化、规范化，不断提高统计人员的业务水平。同时，加强统计职业道德建设，树立行业职业道德的优秀典型，弘扬务实求真、忠于职守的精神。倡导一切从实际出发，深入基层调查研究的工作方法和坚决维护统计数据真实性的主人翁精神。

5.建立完善统计数据质量评估制度。统计数据质量的监控与评估是一项复杂的、长期的系统工程，建立健全完善的统计数据质量管理体系，有利于提高统计数据的完整性和透明度，确保统计数据能够客观真实地反映经济社会事业发展的实际情况。统计人员特别是县级统计机关的统计人员要克服汇总出了报表就万事大吉的思想，在报表报出前，一定要对重要的统计指标进行评估论证。目前，除各项普查和人口抽样调查等会对主要指标进行评估外，全面报表的主要指标评估较少。因此，要建立一套完整、系统的评估论证制度，及时地对全面报表的主要指标进行评估，确保统计数据真实可靠。

6.落实县级普查经费。目前，我国的统计调查方法是以周期性普查为基础，人口普查、农业普查、经济普查等大型普查已成为各级统计部门的重要工作，其中县一级统计局承担着这些普查的具体组织和实施。对于西部经济欠发达地区，尤其是少数民族地区而言，好多县财政入不敷出，连一些政策性工资补贴都不能落实到位，普查经费的落实更是难上加难。由于普查经济难以到位，加上各项普查数据在县一级应用率不高，普查工作搞的好坏无关大局和领导政绩，造成对一些普查走过场，应付差事，普查数据质量很难保证。因此，要把普查经费的落实作为一项重要内容予以重视，以法律、实施细则、条例或部门规章的形式固定下来，明确普查经费由各级财政、特别是县一级财政负担的最低标准。从而把普查经费纳入法制化、程序化的轨道，确保各项大型普查经费能够及时足额到位，工作能够正常开展，普查数据质量能够得到有效保证，为研究制定国民经济和社会发展规划提供准确的决策依据。

以上是本人对在新形势下如何提高统计数据质量的一点肤浅的认识，旨在唤起统计部门和广大统计工作者更加重视统计数据的质量，抵制统计上弄虚作假的行为，提高统计数据的质量水平，使统计工作更好地与时俱进。

PART 第二辑 02

在基层统计调查工作中，县级国家调查队被称为数字海洋的一支轻骑兵。这支队伍朝气蓬勃，开拓奋进，已经成为国家统计调查的生力军。面对国家发展日新月异的变化，统计调查事业怎样积极进取？怎样发挥作用？怎样开创未来？请翻开第二辑，听县级国家调查队的带头人们如何道来……

我们统计调查的“五要”

王小明 // 国家统计局信丰调查队队长

如何做好基层调查队的工作，我们在实践、探索和学习中总结出应该遵循的“五要”：

一要狠抓数字质量不放松。基层的统计调查工作是统计数据的源头，数据的真实、准确与否，小到可以影响一个地区的经济发展，大到可以影响国家的宏观决策。我们直接面对的调查对象是城乡居民、个体业者、私营企业，由于众所周知的原因，与20世纪八九十年代相比，他们对调查的配合度明显降低。对此单纯用行政手断，效果很有限，容易使调查对象厌烦。作为基层的调查人员，我们要转变观念和改进工作方法，做到“两手都要硬”：一方面要向调查对象做好耐心细致的工作，提高对其统计调查意义的认识，多讲解统计法，要求他们配合做好调查工作，履行公民义务；另一方面要加大“感情投入”，拉近与调查对象的心理距离，消除其顾虑，多渠道解决调查对象遇到的一些实际问题，做好他们“贴心人”。这些都要求我们应具备更多工作技巧、更强的人际沟通能力。数字质量是统计工作的生命线，而扎实做好基础工作是保证数字质量的重要环节。因此，我们牢固树立质量第一的观念，严格执行国家的调查方法制度，直接调查，独立调查，把每项基础性的工作落实到岗位专业，做到有检查，有督促并形成常态。“不出假数”就要不进假数。做到这一点，首先要有良好的职业道德和良心，要从忠于国家的高度去认识，要有“起码的行政伦理”。我们还必须按照报表制度的要求，深入基层，深入调查网点，排除一切人为干扰，保证真实可靠的数据。我们深深感到，这是一项必须常抓不懈而充满使命感的艰巨任务。

二要以人为本践行科学发展观。调查队成立以来，干部队伍建设不断加强，锻炼和培养了一支工作上能吃苦，业务上过得硬的干部队伍。特别是调查队体制改革之后，工作内容有所增加，调查范围有所延伸，单位在所在地的地位与以前相比有了提升，影响力越来越大，承担的责任和义务更为重要。如何带好这支队伍，更好地完成上级和当地政府交办的各项调查任务，是摆在队班子面前的一个新课题。我们认为建立一套行为规范，管理有序，协调发展的运行机制。首先要以人为本，这是科学发展观的核心所在。我们的做法是，按照上级的要求，结合本队实际，建立和完善了二十多项工作制度，把着力点放在突出践行科学发展观上，以人为本，作为制度制定和执行的出发点和落脚点。在制度制定的过程中，充分发扬民主，凝结集体智慧，加以充实和完善；在制度执行的过程中，做到一视同仁，着重看它的成效：是不是有利于工作有效开展，是不是有利于调动队员的积极性，是不是有利于加强队伍团结。定期对制度的执行进行必要的督促检查，杜绝束之高阁，当作摆设。其次，做到以人为本，队领导要从关心、爱护干部的角度出发，更多地在工作、学习、生活上给予帮助，解决遇到的一些实际问题，增强队伍的凝聚力和感召力。再次，做到以人为本，队班子成员要加强团结，增强交流与互信，以身作则，做勤奋工作中的表率，做遵守纪律的模范。

三要加强学习提高工作能力和水平。随着科技进步，时代发展日新月异，知识更新空前加快，新形势、新任务对我们搞好统计调查工作提出了更高的要求，原有的、现存知识远远不能满足现实的需要，我队的状况是人员年龄偏大，知识水平和技能参差不齐，加强学习，更新知识结构已成当务之急。为此我队成立之初就提出了打造一支学习型队伍的目标，同时制定了一套学习制度，有时间安排，有学习的内容、形式和要求。我们强化加强学习的认识，使大家懂得学习是能力提升的重要途径，在全队形成一种浓厚的学习氛围，养成一种勤学好学的好习惯。学习内容上我们既突出政治学习，提高理论水平，也强化统计知识的学习和更新，并通过换岗促使大家对不同专业知识和技能都有所熟悉和掌握，特别是掌握计算机基础、网络及文字处理应用软件、数据库程序等最必备的技能。还倡导大家拓宽知识面，改善知识结构，增加对社科、金融、法律等知识的学习，提高综合能力。我们的学习方法是：以自学与集体学习相结合，以自觉学习为主；以能者为师，传、帮、教相结合，以讨论、交流促提升；以工作是否有起色，工作质量是否有提高，检验学习的效果。

四要顾全大局创造和谐的局队关系。调查队与统计局都是国家统计系统的重要组成部分，可以说“打断骨头连着筋”，谁也离不开谁。正确处理好局队关系，才能共创双赢，共同发展。作为基层调查队，我们始终秉持局队一家的大局理念，坚持团结、和谐、合作、双赢原则，相互尊重，共谋发展。首先我们队领导率先强化大局意识，从统计事业健康发展的高度正确把握好局队关系。做到工作有商量，思想有交流，充分尊重局领导，避免小鸡肚肠，计较得失，要有能容百川的开阔胸襟。其次要加强局队统计工作的协助，相互支持。如在一些大型普查、统计研究、统计执法、机制创新等方面，充分利用各自优势和资源，取长补短，共同攻关，共同发展。再次要加强局队统计数据的协调，做到资源共享。局队统计工作内容不同，统计的范围不同，要求我们建立起一套相互协调的机制，作为调查队更要积极主动配合，增强认识统计数据的相互关联和内在规律，从中更好掌握社会经济现象的发展趋势。

五要优质服务，为地方经济社会发展作出应有贡献。在我们调查队干部中或多或少存在这样的想法：认为我们目前人员少，任务重，只要完成了国家、上级部署的调查任务就行了，当地的事我们可以不理睬或者少理睬。这种想法显然有误。没有当地党政领导和政府部门的支持，我们的调查工作就很难顺利开展。比如城镇住户大样本调查，如果没有以县、镇政府乃至相关部门和居委会的全力配合，要按时、按质、按量完成抽样调查任务是不可想象的。因此，为当地经济和社会发展尽责任、尽义务，做好服务，我们义不容辞。为当地政府和党政领导做好服务，应突出在“优质”上，这包含二层意思：一方面要及时为政府部门提供准确、可靠的统计调查数据，为党政领导提供具有参考价值的统计分析、调研报告和重要经济信息；另一方面我们要变被动为主动，改变以往我们有什么提供什么的落后做法，要紧紧围绕县委、政府的发展战略，抓住经济社会发展中的热点、重点、难点问题开展调查研究，写出具有指导性的统计分析、调研报告，领导需要什么我们就及时提供什么。

综合能力要综合抓

龙红 //国家统计局清镇调查队队长

我们清镇调查队紧紧围绕“更新观念，强化调查业务建设，提升综合服务能力”这个重心，把各项工作放到大局中去把握、去谋划，增强工作的主动性，时效性。我们最深刻的体会是综合服务能力要综合抓。具体说有这么几个方面:

一、抓学习强素质。我队切实把抓学习作为加强服务能力建设的根本，制定了每周一为学习、工作会议日。学习内容，一是政治思想，二是法律法规和市场经济知识，三是业务工作实际操作技能。学习方式，一是积极参加地方有关部门举办的各类学习、培训，二是采取走出去、请进来等方式。学习培训增强了干部职工学习的主动性，提高了他们的组织协调能力、语言表达能力及各方面的综合素质。

二、抓队伍管理。积极推进人性化管理模式，注重从细节入手，采取“四多四少”的做法，即工作中多支持、少指责，学习中多指导、少放任，思想上多沟通、少忽视，生活中多关心、少冷漠。开展了生日送问候活动，召开了统计局和调查队干部职工恳谈会、职工家属恳谈会、离退休老干部恳谈会、年终调查户座谈会，增强了干部职工的主人翁意识，激发了干部职工热爱集体、爱岗敬业的热情，调动了工作的积极性，有效地推动了我队构建“和谐队伍”的进程。同时狠抓制度建设，坚持一切工作按照制度规定办理，力求规范化、科学化、程序化，努力做到职责明确，条理清晰，有条不紊，运转有序。在认真总结已往经验的基础上，不断完善调查队的制度，做到了有章可循，便于操作。建立了工作“限时办结制”、“绩效考核制”、“财务管理公开制”、“印章管理制”、“财物实名使用管理登记制”等制度。还抓了工作作风改善，要求干部职工做到“四不让”：不让各级领导部门布置的事情在自己手里耽误，不让任何差错在自己手里发生，不让来办事的同志在自己面前受冷落，不让调查队形象在自己手里被影响。实行文明办公，对外接待做到“五个一”：一张笑脸迎，一把椅子让坐，一杯清茶解渴，一腔热情服务，一声祝福道别；对内服务做到“五个一”：说好每一句话、接好每一个电话、待好每一人、干好每一项工作、公正处理每一件事。队伍管理上去了，面貌焕然一新，工作质量和效率显著提高。

三、抓服务质量。综合能力的体现，服务质量是一个标志，我们奉行“快、精、准”的要求，凡事“早计划、早安排、早落实”，确保各项调查任务保质保量按时完成。质量需要落实细节，我们把每项工作职责明细化，任务指标化，形成各司其职，各尽其责的局面。譬如，我们有的专项调查，采取定点、定人、定任务、定时间的方式，使原始资料搜集制度化、与调查户沟通经常化，避免了原始资料的失真；还有一表一分析，一点一档案，专业负责人要负责全面安排指导，督促检查，汇总上报，包点同志负责培训辅助调查员操作技能，政治思想工作，协助调查员入户实际调查。我们努力在全队形成“想干事、会干事、干成事，不生事”的氛围，除完成常规性调查任务外，还承担了地方党委、政府安排考核11个乡镇农民增收指标任务，以及贵阳市安排的50户城镇居民可支配收入、居民消费价格指数调查任务及各类考核部门的专项性调查。

对提升统计数据质量的思考

赵曹钧 // 国家统计局阿城调查队队长

统计数据质量是统计调查工作的“生命”，直接影响以此为依据的决策正确性与科学性，事关统计调查部门的声誉和权威，事关党和政府的形象。提供高质量统计数据是统计调查工作的中心任务和根本职责，是新形势对统计调查工作的基本要求。提高和确保数据质量，必须要有新观念、新思路和新办法。我的观察和思考是：

1.树立新的统计数据质量理念。提高统计数据质量是统计工作的一个永恒的主题。树立全新的统计数据质量理念，是指导我们做好工作的前提和基础。因此，对数据质量评估判断标准的思维须从狭义转向广义，要从过去的单纯重视生产转为生产和营销并重的观念。要从过去单纯注重提高数据准确性和及时性，扩展到提高数据的时效性、科学性多维的质量内涵，要从过去工作重点是收集上报搞准统计数据的工作思维中解脱出来，既要抓数据的准确性，又要做好解读统计数据，加强对统计分析研究，形成新的成果，从而满足多方面的需求。以新理念来确立新思路，制定新措施，开拓新局面。

2.加强统计法制工作。依法统计。使统计工作有法可依，是保障统计数据客观真实性的基础。一是统计调查机构必须是独立调查并报送统计数据，要使统计数据不受各方的干扰，确保统计数据的公正、客观、真实。二是要健全统计法制建设，依法统计，尤其要严格执法。从而杜绝虚报、瞒报、伪造、篡改统计资料，预防阻挠统计执法检查等统计违法行为的发生。三是要加大普法力度，广泛宣传《统计法》，增强社会各界的统计法制观念，只有这样才能依法统计，保证统计工作的顺利进行和统计数据的客观真实性。

3.以人为本，加强基层基础建设，提高统计调查人员素质。基础不牢，地动山摇。统计基础工作是整个统计工作的基石，要提高统计数据质量就必须加强统计基层基础建设工作。一方面，要加大资金投入，解决经费问题，改善基层统计组织的工作条件。可以考虑建立部分数据的有偿使用机制，帮助筹措更多的资金来更好地收集数据。建立激励机制，奖励那些对统计调查工作做出突出贡献的人员。另一方面，要着手培养和提高基层工作人员的素质，通过定期培训，不断提高基层工作人员的业务素质，使其熟练掌握统计新知识、新方法，并做到培训教育经常化、制度化、规范化，不断提高统计人员的业务水平。加强统计职业道德建设，树立行业职业道德的优秀典型，弘扬务实求真、忠于职守的精神。

学习给我信心和力量

张斌户 // 陕西省户县社会经济调查队队长

我有幸参加了国家统计局在青岛举办的第27期县级统计局及调查队主要负责人培训班。5天的学习，自己总结出3点体会：

一、了解大局，增强信心。国家局李强副局长关于“我国当前统计数据质量和统计改革问题”的讲座，对指导当前全国的统计工作有着很强的针对性和现实意义。近几年，社会各界对政府统计工作提出了不少非议和质疑，使我们不少统计人对统计工作的前途失去了信心。自己做了多年的统计工作，竟然不知怎样才能干好统计工作，怎样才能适应新的形势？听了李强副局长的讲座，深受鼓舞，对我们从事的统计工作有了新的认识，感受到了全国统计工作在国民经济与社会发展中发挥的重要作用，看到了统计工作的美好前景，增强了干好统计工作的信心与决心。作为一名从事统计工作30年的老兵，我觉得每个统计人都与国家统计事业的发展同呼吸、共命运，所以要永远敬业爱岗，勤奋工作。

二、开拓视野，明确方向。培训班的学习，有国家局领导及专家授课，也有来自基层单位的优秀领导授课。培训学习内容比较丰富，涉及统计体制改革与提高数据质量、国家宏观经济形势分析、统计方法制度改革、统计法制建设、统计分析的方法、如何当好县级统计局长等多方面的知识。通过学习，视野大有开阔，思路大受启发。例如，在实际工作中自己经常写统计分析，但苦于不会选题，抓不住党政领导关注的热点、难点及苗头性问题，写出的材料时效性不强，针对性差，采用率较低，有影响、有份量的分析很少。国家局许宪春副局长关于“当前宏观经济形势”的讲座，对我们基层人员从更深层次开展统计分析研究工作，指明了方向，提供了很好的思路和启示，并使我深感自己知识的贫乏与不足。我清醒的认识到，在新的历史时期，作为统计工作者，只有与时俱进、持之以恒地坚持学习，不断拓宽知识面，养成终身学习的习惯，才能提高领导能力与统计能力，进而适应不断变化的新形势的需要，才能当一名合格的基层领导干部。

三、增进交流，促进沟通。此次学习班的学员有400多名，来自全国九个省份的基层县局与调查队，在几天的共同学习交流中，我们倍感全国统计一家亲的温暖，我们从同行中，了解到了各自的工作环境及对有关统计工作中的问题、发展的前景看法等，这次学习班为我们基层人员搭建了一个很好的交流平台，使我们从其他省份的同行中也学到了不少可贵的工作经验。

我的“九字决”

陶宇翔 // 国家统计局达县调查队队长

做人做事有个准则，有个取向，有个座右铭，我感觉很给力。我作为一名县级调查队队长，在工作实践中总结了自己的“九字决”。在这里不妨亮亮相，一则就教于同行，二则抛砖引玉。

第一字“活”——思路要“活”。

思路决定出路。没有正确的思路，县级调查队就会像一只贴在窗户上的蜜蜂，虽然前途一片光明，但却找不到出路。当前，县队队长应严格按照国家局“三个提高”的要求，强化“两种意识”，以“突破资源局限、扩大调查影响”为主线，抓住领导关心、群众关注的内容开展工作，以有为去谋位。

第二字“稳”——根基要“稳”。

没有良好的根基，再高的楼房也可能在瞬间倾覆。县队队长是国家统计体系最末端的负责人，从事着最基层的统计管理工作。因此，必须加强学习，提高党性修养和管理能力，团结队伍，夯实基础，确保国家调查基础牢、根子稳。

第三字“正”——作风要“正”。

己不正焉能正人。县级调查队虽然是清水衙门，无权无钱无势，滋生腐败的机率较小。但作为单位的一把手，县队队长在公务用车、接待等方面也享有一定的特权，尤其是把握着全队的经费脉络，如果不能严格按照党风廉政建设的要求以身作则，弘扬正气，坚决抵制一切腐败行为，就难以在队里树立威信，不但调动不了干部职工的工作积极性，甚至会给单位形象带来较大的损害。

第四字“大”——胆子要“大”。

不入虎穴焉得虎子。由于长期跟数字打交道，不少统计调查工作者习惯了按部就班的工作模式，被动接受着各项工作任务，工作空间难以拓展，社会影响无法扩大。县队队长必须突破这种惯性思维，在不违反国家法律法规的前提下，大起胆子搞改革，多渠道开发调查产品，充分发挥出国家调查的职能。

第五字“广”——人缘要“广”。

朋友多了路好走。受职能职责和工作范围的限制，县队队长与外界接触的空间并不大，人际关系也不广。而目前我国尚处于人情社会阶段，人熟好办事。因此，县队队长要学会主动出击，利用各种渠道广结人缘，协调好上下左右的关系，为调查队广结人际关系网，从而推动县队工作更加顺利的发展。

第六字“精”——业务要“精”。

一头狼带领一群羊，可以打败一头羊带领的一群狼。县队人少事多，这就要求了县队队长不仅要负责行政管理和协调对外关系，而且必须要用更多的时间抓业务，以精湛的业务技能维护好调查数据的公信力。当前，应注重研究好农产量、农民收入和畜禽监测等重要调查数据，切实增强县队的话语权。

第七字“新”——手段要“新”。

一个不会创新的单位是没有希望的单位。建队三年来，在各级领导的关系支持下，县级调查队取得了喜人的成绩。但县队队长如果不能与时俱进，随着社会经济的发展和统计改革的需要去创新工作手段，那么再漂亮的开局也只能是昙花一现。县队队长必须研究如何利用有限的人员和经费去实现调查工作的无限发展。在处理局队关系、部门关系、乡镇关系，强化基础工作，扩大服务产品等方面拿出新手段，做出新成绩，取得新突破。

第八字“快”——动作要“快”。

眼疾手快，方能步步领先。发展的机遇总是青睐于有准备、行动快的群体。国家局、总队对县级调查队的管理将越来越科学，这是一个机遇，也是一个挑战。县队队长要有敏锐的观察力和洞察力，紧跟国家局和总队的脚步，增强执行力，及时将上级部门的各项要求落到实处，以快反应实现快发展。

第九字“足”——信心要“足”。

信心是决定事业成败的关键。当前，由于社会分配不公，部门差异拉大，公众对统计调查工作的不理解等多种因素，在部分调查人员中出现了悲观丧气，怨天尤人的现象。针对这种情况，县队队长一定要强化与职工的沟通交流，做好解释，消除疑虑，引导他们正确理解当前形势，增强信心，鼓舞士气，以饱满的热情去开展好各项调查工作。

在探索中进取

蓝胜文 // 国家统计局阳春调查队队长

几年来，我队以“基础工作求扎实，统计服务求提升，队员发展求个性，工作业绩求突破”为目标，克难求进，开拓创新，夯实基础，锐意进取，在夯实基层基础，确保统计调查数据的准确性方面进行了有益的探索，取得了可喜的进步。

一、创新工作模式，为调查工作提供良好的发展环境。这方面我们做了四项工作：1.完善各项工作制度，从实际工作出发，细化责任范围，规范各项统计报表工作记录和统计资料的存档管理，建立农村住户调查点的走访、回访制度，加强与调查点的沟通，全面掌握调查户的生产、生活情况。2.落实各项工作职责，实行“大协作、小分工”，强化各专业负责人的责任意识，由专业带头人负责把每个专业的具体任务分解给每个队员，使人人头上有任务，个个肩上有压力，实行“专人、专事、专责”和按月、按季总结工作的新办法，结合每个队员的专业分工，制定了岗位工作职责，明确了任务和责任，确定了每个人对口联系的县、市各部门和部队各处室，保证了各项工作有人干，有人抓，避免了工作的盲目性和随意性。3.加强统计队伍建设，尊重知识，尊重人才，根据队员每个人的特点安排工作，充分发挥队员的专业特长，鼓励队员工作上大胆创新，探索农村统计调查的新方法和新途径，打造一支政治强、作风正、业务精的农村统计调查队伍。4.整合统计调查资源，协调理顺调查队与统计局的关系，让调查队负责的地方统计调查任务得到市委、市政府在工作和资金上的支持，确保统计内部数出一门，数出有据。

二、加强自身建设，为调查工作打下扎实的基层基础。求真务实是统计工作的灵魂和信誉所在，我队坚持牢固树立基础工作第一的意识，切实加强农村调查基础工作建设，提高统计调查数据质量。这方面我们是这样做的：1.强化对基层统计调查人员的业务培训，我们采取定期举办业务培训班、以会代培、下乡指导等多种形式，对调查点辅助调查员和调查户进行定期培训。在集中培训的同时，每个月至少深入调查点一次，对辅助调查员和调查户进行指导，提高了辅调员和调查户的调查及记账能力，从源头上保证了数据的准确性。2.加强基础工作检查，通过听汇报、走访记账户、查看“两本帐”的方式，对国家点的农产量、农经、农村住户的基础工作进行检查，检查包括基层报表、台账、农村住户的记账质量，对检查中发现的问题进行了现场纠正。我队根据总队安排，每年组织各专业人员对各专业、各主题的农村抽样调查基础工作和数据质量进行一次全面认真的自查，以确保数据准确全面。3.搞好调查网点的维护和管理，我队坚持做好调查网点资料的收集、整理、上报工作，平时注重对调查网点的业务检查和指导，特别是在每季度各专业季报后，根据调查资料结合全县实际情况，认真对住户、农产量调查网点进行评估，做到事前控制，事中检查，事后评估，保证数据的可靠性和真实性。4.关心基层调查人员的生产生活，我队一向把加强培养基层调查人员感情当作重大工作来抓，通过帮助挂扶村落实经济发展项目，扶持、争取建设资金，帮助推销农副产品，每年春节、中秋坚持深入调查点慰问辅调员和调查户，及时为其排忧解难，主动帮助他们办理在城事务等方式，有效地提高辅调员和调查户的配合程度。平时我们还注意做到一旦了解到调查户家中发生生产、生活上的困难，总是第一时间上门慰问。

三、完善调查服务，为政府决策提供可靠的调查数据。这方面我们集中抓了两点：1.为保证调查结果详实，我队严格按照国家调查方案，在总队的统一领导下，认真完成了各项常规调查任务和其他专项调查工作。在调查工作中坚持“直接调查，直接上报”的工作原则，同时坚持数据质量评估分析制度，全方位多视角评估分析调查结果，使调查结果客观、真实地反映我县农村、农业和农民的现状，调查结果得到了总队、市委、市政府和社会各界的认可。2.紧紧围绕党在农村的中心工作和各项领导关心的“热点”、“难点”问题，准确提供我县粮食生产的情况，细致分析农民的收入变化情况，认真做好农产品市场供应和价格监测工作，及时反映畜禽产、养、供、求和价格变化等情况。

总结几年来我们在统计调查工作上的探索和进取，虽然取得了一定的成绩，但也存在一些问题，如乡镇、村一级统计力量还很薄弱，基层统计调查队伍还不稳定，抽样调查网点存在老化现象等。展望未来，我们有信心克难制胜，继续积极探索，努力争取更大的成绩。

我们的队伍奋进

马英杰 // 国家统计局霍城调查队队长

回顾霍城调查队的发展历程，我们经历了创业的艰辛，也品尝了成功的喜悦，困难使我们更坚强，成绩催我们愈奋进。总结以往，我们的工作是这样开展的。

一、狠抓队伍建设，努力造就一支工作扎实高效廉洁的干部队伍。纪律严明、作风严谨、务实高效的干部队伍是事业成功的基石。思想决定行动，行动源自于对统计调查事业的满腔热忱。多年来，霍城调查队始终以人为本落实科学发展观，使每个队员充分认识到从事统计调查工作的重要性，认识到一名高素质调查队员，不仅要有吃苦耐劳的精神，还要及时掌握党的各项农村政策，当好一名党的政策的宣传员。队干部经常在下乡搜集资料时，及时向农户宣传党的各项富民政策，为农户提供致富信息。

霍城调查队由维、回、汉三个民族组成，不同民族的同志相互尊重，互相帮助。汉族同志帮助民族同志学习计算机知识、讲授调查方案。民族同志积极为汉族同志充当翻译，正确翻译农户帐页。

二、加强基础工作，不断提高统计资料数据质量。数据质量是统计调查工作的生命之基、力量之源、形象之窗。维护统计数据质量，保证统计资料真实性客观性，是统计调查工作的重中之重。霍城调查队牢固树立依法统计思想，大力宣传统计法律法规，以严谨的工作态度，保证源头数据的质量。轮换样本时，霍城调查队请示县政府成立了样本轮换领导小组，县政府多次下文安排协调这项工作，为基础资料真实可靠，提供了有力保障。

霍城调查队经常利用农闲季节对调查点干部、辅调员、调查户进行集中、分片培训和业务指导，宣传统计法律法规和统计调查的重要意义。同时也加强与辅调员、调查户的情感交流，经常帮助农户购买种子、化肥等生产资料，与困难调查户结成帮扶对子，遇调查户家人生病或婚丧嫁娶都去看望，逢年过节对调查户进行慰问。由于同调查户增进了交流，调查户也敢于讲真话、报实数。队干部在开展调查业务中，努力克服困难。如2007年畜禽监测摸底工作，在零下近30多度的寒冬中，我们队干部与村干部一道一户一户登记牲畜情况，刺骨寒风冻僵了双手、双脚，但没有一个人喊苦叫难，顺利完成了摸底调查。调查队干部务实的工作作风赢得了群众的好评。调查户都称赞县调查队干部没有架子，所以愿意说真话讲实情。

三、充分挖掘资料价值，不断提升服务水平。统计调查资料用数字说话，以服务为宗旨。霍城调查队十分注重调查资料的开发利用，数出有理，数出有据。根据不同时期的调查任务，撰写了大量的调查分析报告。有为方有位，因为霍城调查队对基层情况较熟悉，能真实反映农民意愿，县委、政府召开霍城县农业生产方面的会议，经常下文件或打电话要求农调队参加。

在2003年霍城县税费改革工作中，确定农业税的常年产量就是以调查队的农产量数据为参考，并要求调查队领导成为县税费改革领导小组的成员。2006年霍城县编写霍城史志，特打电话要求调查队参加，当地有关部门在核算农民纯收入、粮食产量时，都主动要求调查队提供相关资料。县委、政府组织的各项活动，调查队也同县直各部门一同被列入考核单位。这充分表明县委、政府对调查队工作的支持关心，对统计调查数据的认可。

四、以调查网络为平台，拓展信息调查渠道。霍城调查队信息采集不仅仅局限在调查网点内，还与农技、农机、畜牧、卫生、教育、水利、粮食、公安、学校等部门加强联系，深层次多角度为各级领导提供有价值的信息资料。农民纯收入历来是各级领导十分关注的问题，霍城调查队在完成住户年报资料时客观真实反映农民收入水平及结构，提供的农民纯收入数据得到领导首肯。对一些热点、难点问题县领导也委托调查队进行调查反映，常说调查队工作扎实有效。

“一把手”应该是怎样的人

杨秀文 // 国家统计局德江调查队队长

2009年9月，国家统计局在广西山水之城桂林举办了一期轮训班。来自全国部分县级统计局和调查队的主要负责人参加了培训。期间，授课老师就怎样当好基层统计单位“一把手”的精彩演讲，对我既开阔眼界，又增长学识，是一次受益匪浅的“充电”。结合实践，对此我有几点体会。

何谓“一把手”？当年授课老师的一番训导至今仍萦绕耳边：“有的看重于权力，结果变成只会玩弄权术的小人，而有的视其为责任和担当，于是成了有所作为的人。”那一刻，我暗下决心，一定要使自己成为对社会有用、对从事的统计调查事业有所作为的人。为了实现这一人生目标，我对“一把手”的内涵重新定位，并给自己提出要求，不遗余力地付之于行动。

“一把手”应该是谋事干事的策划人。作为一名县级调查队的主要负责人，要善于科学决策和民主决策。一是坚持学习，把学习当作人生的第一需要、工作的第一动力、增强素质的第一手段，树立不断学习、终身学习的理念。通过学习，努力提高决策分析能力、决策责任意识和决策质量，尽量减少或避免决策失误。二是围绕“三个提高”要求以及统计方法制度改革给调查工作带来的新情况、新问题，经常深入基层走访调研，及时了解真实情况，给予正确的指导。三是切实转变工作作风，亲自审核报表、亲自参与实地调查、亲自撰写统计分析和调查报告，做到发现问题及时、解决问题有效，提高冷静应对复杂局面、快速处理复杂问题的能力。四是注重工作方法，安排工作、分配任务时让队员既能清楚面临的形势又能领悟集体意图，既知道为什么干又知道该怎么干，着力打造“想干事、会干事、干成事”的调查团队。

“一把手”应该是全部工作的责任人。明确责任，是搞好各项工作的前提，是落实责任制的基础。因此，在制定责任制的时候，应从统计调查工作的实际出发，做到“三个明确”。一是明确责任的主体。毫无疑问，“一把手”不仅是全部工作的责任人，还是主要责任人、第一责任人，这是由其担任的主要职务决定的。二是明确责任的具体内容。根据“一把手”的职责、权利和任务特点，抓住容易出现问题的主要环节和主要方面，制定出针对性较强的责任条款，力戒“大而空”，力求具体实在。三是明确责任追究的具体措施。这些年开展的各种活动较多，现在的规章制度已经不少了，但关键是要狠抓落实，提高制度执行力。

“一把手”应该是遵纪守法的带头人。官德修养很重要的一条，是看其有无自我约束力。有些人能小心谨慎，用法律和纪律约束自己，成为遵纪守法、廉洁奉公的模范；有些人却视党纪国法为儿戏，甚至铤而走险，以身试法，结果可想而知。其中最重要的原因，就是完全丧失了自律意识。因此，在个人利益与人民利益发生冲突的时候，在制度不健全、政策有漏洞的时候，在各种不健康思想侵蚀和引诱的时候，各级领导干部尤其是“一把手”必须时刻提高警惕，保持清廉本色，做到脑清、眼明、口洁、手净、脚稳，成为“五官”端正、形象端庄的好党员、好干部。

“一把手”应该是干部职工的贴心人。身为党员领导干部，要始终把为人民服务的宗旨牢记在心。对于个人荣辱得失，一定要端正思想，正确对待，勿以恶小而为之。对于干部职工，要像兄弟姐妹一样善待。“人心齐、泰山移”，工作再忙，“一把手”都要定期与干部职工沟通谈心，并作为一项制度长期坚持下去，确保在困难多、压力大的情形下能够得到多数干部职工的理解和支持。只要这一点做到了、做好了，就一定能够调动干部职工的积极性，就能够营造好干事创业、增比进位、创先争优的良好工作局面。

以精品意识做精服务产品

田志三 // 国家统计局阜南调查队队长

近年来，阜南调查队针对区域热点话题和决策需求，不断开展专项调查，做精服务产品，取得了很好的服务成果。我们的具体做法是:

一、围绕区域热点开展专题调查。围绕县委、政府不同时段的中心工作，我们设计专题调查项目，采集新农村建设、农村劳动力转移、粮食收购、粮食补贴、民生工程等方面的重大信息，把农村经济运行中出现的新情况、新问题及时反映、快速上报。调查队撰写的《市场粮价涨，农民受益少》《阜南夏粮收购情况调查》《农民工新的担忧与期盼》《农村中小学辍学现象仍然存在》等多篇文章，被《安徽调查》及中央“两办”采用，取得了很好的服务效果。

二、围绕突发事件开展专项调查。针对百年不遇的特大洪涝灾害，我们调查队深入到受灾较重的乡镇，开展了包括吃、烧、住、医和恢复生产等多方面内容的调查，先后写出《灾后群众生产生活存在的困难和要求》《阜南多项举措积极开展生产自救》《濛洼群众生活有序》《灾区群众有五盼》《对阜南解决灾区群众生产生活困难情况调查》《阜南县多措并举确保困难群众安全越冬》等多篇跟踪调查和信息，每篇都被总队转发，其中三篇被省两办采用，为县委、县政府组织生产救灾提供了第一手资料。

三、树立“精品”意识，开展深层研究。深度开发调查资料，把死数据变成活情况，写出有数据情况、有问题和建议的分析和信息。如《阜南县发展高效农业存在的问题及建议》《阜南县开发式扶贫卓有成效》《制约农民收入的原因及对策》《农民工外流带来的社会问题应引起重视》等分析，分别被《安徽调查》《安徽省情省力》《安徽日报农村版》《安徽科技报》《阜阳日报》等媒体采用。调查队编发的《冬季群众生产生活面临的困难与期盼》，先后被省长和副省长批示，省民政厅领导带人专程到阜南进行救济、调研，在社会上有很大反响。

四、立足超前服务，搞好约稿调查。每次接到约稿后，调查队都详细设计调查方案，如“冬季群众生产生活面临的困难与期盼”调查，设计了包括缺粮户、缺柴户、缺衣被户、缺医户、缺生产资金户等情况调查表。每次调查均由队长挂帅开展现场调查，如2007年洪涝灾害时，队长携工作人员趟过近一米深、一公里长的水路，深入灾民家中查看受灾情况。为避免行政干预，调查队坚持直接调查、直接上报。为保证调查客观真实和减轻基层负担，我们下乡调查从不在乡村就餐。

用“五心”搞调查

陈伦明 // 国家统计局南雄调查队队长

近几年，我们南雄调查队相继获得省、国家先进集体称号，梳理工作体会，用“五心”抓好调查，是我们的一大法宝。这“五心”是:

一、以人为本，对待干部要“关心”。每当基层出现困难与灾情，局队领导总是到调查点了解情况，慰问受灾的调查户；调查队员生病、退休干部住院，队领导都抽空看望和慰问。为了免除队员的后顾之忧，局队领导争取当地政府支持，为队员办理了医疗保险；福利待遇也年年有改善。为解决农村抽样调查网点多、分布广、交通工具不足的困难，争取政府支持，为农调队购买工作用车，并确保工作经费，保证农调工作顺利开展。

二、以理服人，对待群众要“热心”。在网点轮换工作中，有一半以上抽中的记账户担心会不会要增加税收，是不是政府要重新分地。队领导了解这些情况后，深入到调查户家中，讲解农村调查工作的意义，解除思想顾虑。南亩镇水塘村文书既是记账户又是辅助调查员，换届选举时落选，于是动员记账户终止记账。队长知道情况后，从县城租摩托车赶到30多公里外的调查点，找到落选村干部做思想工作。现在调查户都能按要求认真记账。

近年来，调查队还向调查户印发科技资料、致富信息1000多份，调查户与农调队的关系更密切了，而且学会了科学种田、科学养殖。黎口镇记账户凌宪珍讲："认识你们后，我家收入每年都有增长，你们带来的科技资料和信息起了很大作用"。

三、以情感人，对调查户要"知心"。在调查活动中，调查队员用真情与工作对象相交，赢得配合。一次一个记账户公公婆婆与儿媳发生口角，儿媳一气之下"封锁"收支信息，使记账内容明显有缺失。得知这一情况后，调查队员立即找儿媳做思想工作，让她既明白"家和万事兴"，又要以国家大事为重记好收支账。澜河镇调查点调查员邬来发患重病，调查队的同志携慰问品到医院看望，邬来发流着泪说："我就算是瘫痪了，卧病在床上也要记好账"。

四、以质量为"核心"，数据审核要"狠心"。调查队建立了数据把关审核制度，对农户所记每笔数据的单位、数量、金额都要进行认真审核。根据农民生活习惯和季节特点，设定不同时段"肯定"要购买的商品项目，每月针对特定项目查找漏记记录，规避了漏记现象。在审核过程中，做到队长不审核签字，数据不出门。

五、以素质为先，事业要有"进取心"。我们狠抓调查员的业务培训，每周五组织集体学习业务知识、农业科技知识，每年进行两次辅助调查员业务培训工作。由于重视学习和培训，调查员和记账户的业务知识和工作能力都有了很大提高。

带队伍 夯基础 抓服务

沙丙国 // 国家统计局扶沟调查队队长

我们扶沟调查队曾被评为全国统计基层基础建设先进单位，总结这支队伍的进步和扶沟调查事业的发展，主要的做法是：

一、带好队伍，提高素质求实效。扶沟调查队把队伍建设作为一项长期任务来抓，制定出一系列工作制度。《县队人员工作职责》把专业分工明确到人，调查任务分解到人，样本维护落实到人，保证了调查工作的规范性；《数据现场采集工作制度》、《调查统计责任追究制度》对数据采集时间、地点、人员、调查主题以及工作情况和存在问题进行登记，保证了源头数据的准确性；《重大信息工作制度》从信息采集、审阅、核实、签发、存档、上报多环节层层把关，确保了重大信息的真实性和时效性；《目标完成奖励制度》，用来对每个队员的工作进行量化考核和评比，调动了队员工作积极性；还有《财务管理制度》《学习制度》《政务信息登记制度》《专业工作流程》《县队人员考勤制度》等等，保证了调查统计工作的顺利开展。

二、夯实基础，数据质量求精准。扶沟调查队始终以加强基层基础工作为重点，确保源头数据质量。如在主要畜禽监测调查季报工作中，600个散养户、40多个规模户和法人户遍布不同区域，调查时间仅8天左右，正值农忙时节，调查任务十分艰巨。为了搞准调查数据，队员步行很远路程到田间地头，寻找每一个调查对象，摸准每一户调查数据。针对辅助调查员和记账户嫌麻烦的情绪，一方面帮助他们解决生产和生活中的实际问题。另一方面俯下身子用细致、扎实的工作来感化他们，赢得他们的支持。

三、抓好服务，针对需求出精品。扶沟调查队始终把重大信息上报和分析研究工作作为县队的一项重要工作来抓，实行队长负责、全员参与、量化考核的工作模式。对重大信息任务的分解有记录，队长对全月重大信息工作的进度和完成情况实行监督。几年来，扶沟调查队围绕农村经济的发展，种植业结构的调整和农民增收存在的问题，撰写了大量有价值的分析文章及重大信息。得到了县委、政府的高度评价。曾有6篇分析得到国务院领导的批示。如《春耕期间假种子坑农严重，制种业亟待规范》上报后，得到温家宝总理、回良玉副总理的批示，种子市场都得到了整顿；《农村小学D级危房严重》上报后，得到了陈至立国务委员批示，上级派工作组到大新镇姜郭庄小学进行调查，并由省、市、县三级拨付30万元，对小学的教学楼进行建设。如今，教学楼已经投入使用。

我们的队伍建设和统计服务

刘建华 // 国家统计局修武调查队队长

近几年来，我们修武调查队不断强化队伍管理，提升服务水平，既立足于高质量完成国家调查任务，又结合区域发展开展工作，取得了一定的进步与发展。

一、加强队伍建设，稳定基层力量。在队伍建设上，我们严格工作纪律，实施“签到”制度，实行日查月报制度，将迟到、早退、旷工等行为与自身利益挂钩，强化工作人员纪律意识；我们努力提高调查队员的政策水平，要求调查队工作人员要站在讲政治的高度去关注“三农”，结合县域实际学习有关农业政策并及时向农民宣传，同时了解农民的心声，针对“三农”问题中出现的新情况、新问题，提出对策和建议；我们狠抓业务培训，针对调查任务和特点，坚持对工作人员和辅助调查员的培训常抓不懈，而且大到调查内容、调查方法，小到一张调查表、一个调查指标，都要培训到位；我们稳定基层，抓“队点联系”制度建设，在现场采集数据和下乡调研时，密切关注辅助调查员和调查户的生产、生活情况，特别是需求情况，并向他们提供切实的帮助。如：某辅助调查员的丈夫腰部摔伤，生活不能自理，队长亲自带人去慰问，使其家人深受感动，表示将一如既往地支持调查队工作，不会因病耽误工作。

二、开展统计服务，当好决策参谋。我们积极开展专题调查等多项调研工作，强化目标岗位责任制，营造深入基层的调研氛围，努力打造统计分析产品，在统计服务上狠下功夫。我们还致力反馈重大信息，提高服务时效，以跟踪政策执行情况为出发点，提供前瞻性服务；以反映经济发展状况为突破口，提供针对性服务；以剖析农村热点难点问题为基础，提供实效性服务；以满足社会公众的需求为重点，提供广泛性服务；以农村重大信息现场采集工作制度为依据，坚持农村重大信息通报制度，提高信息的采用率和采用层次。这些努力收到了良好的实效，例如我们对修武县农村小康进程的统计测算，得到了县委、县政府的肯定；撰写的有关农业生产、农村居民收入、农村固定资产投资等分析报告被《焦作日报》、县委政府信息采用；开展了居民文化消费状况调查、进千家社情民意调查、党风廉政建设民意问卷调查、农户借贷情况调查、城乡居民安全感调查、农村居民国内旅游调查等一次性调查，得到了各界的好评。

打好基础 展示作为

方观福 // 国家统计局罗田调查队队长

做好统计工作，“基础”至关重要。只有抓好基础，才能展示能力。这是我们几年来开展统计调查工作的体会。具体说:

一、健全网络，抓实数据。我们针对一度出现的网络运行不畅，基层统计人员不稳，基层统计经费来源不足，调查对象配合程度差等情况，开展调研，积极提出对策，认为要有的放矢认真解决这些问题，否则会困扰基层工作，影响基础工作。为此，我们在维护调查网络运行，畅通调查网络上狠下功夫,取得很好的实效。开展这项工作时，我们发现，由于利益驱动，给调查网点管理带来一定难度。农村劳动力外流，住户家庭成员中理财成员缺乏，也给调查工作带来直接影响。我们就从薄弱环节入手，走访农户，与他们做知心人，商记账事，争取理解、支持和配合；每年及时解决和兑现调查津贴，提高调查员和记账户的积极性。确保调查网络正常运行，保证调查数据质量。同时我们加大检查培训力度，对基础工作建立了定期检查制度，每月到点上户，进行检查指导，针对检查过程中出现的问题，及时加以整改。还有我们与住户调查员和记账户建立联络机制，及时掌握基层工作动态和数据信息并定期对乡镇统计人员、农村住户和调查点的辅调员进行业务培训，提高他们业务技能，确保基层工作顺利开展。为保证数据质量，我们加强数据评估工作，在坚持“直接调查、直接上报”的前提下，加强对各季分项数据的审核评估，严格评估程序，认真分析验证，征求有关部门意见，掌握准确趋势，确保数据的科学性和权威性。

二、加强服务，展示作为。我们在加强统计分析研究，提高统计服务水平上积极开拓，努力作为。我们建立了服务考核机制，针对统计分析和重大信息制订量化考核标准，推行统计分析、信息一票否决制，年终统一“结账”。建立奖惩制度，对没有完成分析信息任务的队员，一律取消评先资格，公务员考核不能定为“优秀”等次。我们积极拓展统计服务领域，在做好进度分析的同时，以反映农村改革发展为主题，研究探索农村经济发展的规律性、趋势性，提高预警和监测能力，及时反映倾向性、苗头性的社会问题。如农村劳动力转移，新农村建设进程，农村土地利用以及农民普遍关注的热点、难点等问题，真正起到参谋决策作用。我们还及时反馈各类信息。根据山区经济特点，围绕农业增效、农民增收、农民就医看病、子女就学、饮水、道路以及弱势群体的生产、生活和社会保障等问题进行调查，及时上报重大信息。

以“三加强”促“三提升”

聂磊 // 国家统计局台安调查队队长

县级调查队工作质量影响全国统计调查工作质量。为了做好调查队工作，我们以“三加强”促“三提升”，取得了较好的实效。这“三加强”和“三提升”是：加强队伍建设，提升工作人员素质；加强业务指导，提升调查责任意识；加强基础工作，提升技术装备水平。

一、加强队伍建设，提升工作人员素质

没有一支过硬的队伍，什么事业也干不成，统计调查事业更是如此。我们在队伍建设上采取了三点措施：

一是狠抓思想建设。开展“我是怎么步入调查队工作的？怎样才能做好称职的调查队员？”的大讨论活动，增强队员做好调查工作的使命感；开展谈心活动，消除不和谐因素。

二是狠抓作风建设。在全队倡导“四提倡，四杜绝”：提倡敬业精神，杜绝空岗现象；提倡实事求是，杜绝虚报浮夸；提倡艰苦朴素，杜绝图功名讲排场；提倡精益求精，杜绝责任心不强、工作不讲质量。

三是狠抓制度建设。建立了《包调查点责任制度》《考勤制度》《学习制度》等十一项管理制度。通过建章立制，明确工作目标和任务，人人身上有责任，个个肩上有担子。

通过思想建设，作风建设，制度建设，全队人员政治素质和业务素质得到很大提升，团结、奉献、开拓、进取的局面已经形成。

二、加强业务指导，提升调查责任意识

为提升调查对象的责任意识，我们每年都花大力气在辅助调查员及全县农村住户调查户培训方面下功夫。

一是加大指导力度。针对住户、产量、农经、生产者价格等专业调查点的工作情况，定期、不定期深入到调查点和调查户中检查和指导工作，指导记账及统计业务，力争把问题解决在初始阶段，把问题解决在基层调查点上。为提高调查对象的配合度，经常向农民提供致富信息，为农民增收献计献策，如帮助选择玉米品种、讨论卖猪行情等。

二是加大培训力度。组织大规模调查业务培训会议，对全县各专业辅助调查员及农村住户调查户普遍轮训。还经常请“三师”辅导授课：请统计师讲授住户记账的常见问题及处理方法；请农艺师讲授农作物高产高效技术；请律师讲授常用法律知识。

三是加大宣传力度。制作电视专题片，在用数字展示农村经济巨大变化的同时，介绍调查队的工作范围及职责。还会同县新闻中心用图片资料、文字资料、数据资料宣传改革开放后农民生活的变化，在县报用整版篇幅进行报道，提高了调查队的知名度，也提升了调查户对统计调查的配合度。

通过业务指导，学习培训和宣传熏陶，调查人员的责任意识、敬业精神和业务水平得到很大提升，为提升工作质量提供有力保障。

三、加强基础工作，提升技术装备水平

一是县调查队统计调查实现现代化。目前八名队员已达到人手一机的标准，队内还新购置一台手提电脑、两台激光打印机、一台电子扫描仪、一台高级传真电话。辽宁调查总队近两年来为我们配备了GPS定位器、电子天平、电子水份化验仪等设备。

二是县镇统计信息实现自动化。在县调查队实现与国家和省、市信息联网的同时，2007年启动了县调查队与乡镇统计工作站网上数据直报工程，目前，乡镇上报给县调查队的统计数据资料已全部采用电子邮件从网上发送，宽带网的开通不仅提高了统计调查的工作效率，而且也提高了乡镇统计工作信息化水平。

我们把加强基础工作，落实在提高现代化水平上，这就使得基础工作得以上水平上档次，从而提升了整个调查工作的水平。

我当队长要做这样的“人”

布乃君 // 国家统计局阳谷调查队队长

我的家乡是山东省阳谷县，这里是打虎英雄武松的故乡。我为此自豪。

担任国家统计局阳谷调查队队长以来，我一直向着当一个称职队长的目标努力，所以总结出自己的一点体会，就是当好一个调查队长，要在自己的岗位和调查队这个大家庭做一个这样的“人”。

一是爱岗敬业，当好老百姓的贴心人。

调查队要树立形象。没有较高的政治素质和文化修养，老百姓就不会信任我们。每年，我都组织工作人员把中央有关“三农”文件逐字逐句的学习，把党中央制定的免税政策、流通政策、粮食直补、金融政策等印制成宣传单，发到调查户手中，让党的好政策深入人心。同时，还采取跟踪调查的方式，调查中央政策的贯彻落实情况，并将调查报告上报县委县政府。我们撰写的《农民欢喜乡镇忧——中央1号文件在乡村贯彻情况》，在《阳谷调研》以内部资料的形式予以转发，县调查队员被调查户誉为“党和政府连接群众”的贴心人。

二是创建和谐，把全队同志凝聚成一家人。

为了让工作伙伴把精力都积极地投入到工作中，就要创建和谐工作氛围，就要在各方面关心大家。队员家中有事，我及时进行慰问，出人、出钱、出车，使队员感受到调查队就是家。对调查网点的调查员也是这样，逢年过节带着慰问品到被调查对象家中看望，使他们毫无怨言地配合调查队完成调查任务。

三是遵守制度，当好各项工作的监督人。

首先，建立定期汇报制度。工作人员在每周一都要汇报上周工作和本周计划，公示“付出量”的大小，激励奋进。在此基础上，对每个队员实行了《千分制考核》：对每一类表现、每一项工作都进行量化，赋予分值，干好干不好分数说了算。解决了队员该干什么、怎么干的问题，使队员干得顺心，领导放心。其次，建立调查网点基础工作检查制度。每个队员每年要有三分之一时间到基层调研，对调查户进行指导。每月采取抽查方式，对抽查发现的问题，逐一登记，作为评选先进调查员的依据。

四是依法调查，当好调查工作的守门人。

首先，强化法律意识。组织工作人员定期学习统计法规知识，对辅助调查员进行法规教育和培训；在“致调查户的慰问信”中宣传《统计法》；在日常的检查、座谈中，向农户宣讲统计法律法规知识。其次，严格统计制度。采取定人“包点”责任机制，将调查点的报表及时性、报表质量纳入队员千分制考核中；在调查活动中，一切任务由县队人员亲自入户操作：农村住户调查，县队人员要到记账户家中指导工作，每月不少于2次；农产量调查的样本抽选、样本丈量、样本收割，一律由县队人员来完成；价格调查采取县队人员直接入户抽查方式进行。最后，是控制数据质量。一是对季报、年报指标集体会诊，对有疑问的指标要进行实地核实；二是对升降幅度较大的指标进行审核检查。三是重点抽查，有针对性的到不同类型农户中，核实调查数据，保证调查队不进假数，更不出假数。

提高“四个素养”

张发吉 // 国家统计局化隆调查队队长

县级调查是我国现行调查体制中宏观与微观的结合部，而调查队队长又是各项调查任务的组织者，要当好调查队长，我认为要具备“四个素养”。

一、以能服人，以德服人的素养

“一把手”要以能服人，除了基本的表达能力、组织能力、交际能力以外，还必须具备三种必要的能力。一是决断力，要善于集思广益、择善而从；二是推动力，做工作要周密部署、精心组织，不达目的决不罢休；三是驾驭复杂局面的能力。在以能服人的同时，还必须做到以德服人。“一把手”要养成什么样的德行？一是要堂堂正正做人；二是要清清白白为官；三是要实实在在讲话；四是要认认真真办事。

二、做好表率，发扬民主的素养

首先要为人师表、身先士卒做到“四个带头”：一是带头学习政治理论知识和有关专业技能，不断提高工作水平和服务人民的本领；二是带头执行上级决策，不打折扣；三是带头深入实际，努力密切党群干群关系；四是带头攻坚克难。其次要发扬民主、集思广益，做到“四个善于”：一是要善于当“班长”而不当“家长”；二是善于把握全局，科学调度，总揽而不包揽；三是要善于集中正确意见和集体智慧，果断而不武断；四是要善于合理调派和合理使用干部，充分调动每个人的积极性和创造性。

三、统筹协调，善抓重点的素养

在县级调查工作中应主动协调好以下关系：第一，与上级部门各处室之间的关系。第二，与地方有关部门之间的关系。及时掌握各种重大信息，形成相互支持，资源共享的局面；第三，与内部业务人员的关系；第四，各项工作任务的落实不能手忙脚乱、顾此失彼。在协调好各方关系的同时，又要善于抓重点突难点。怎样抓好重点？一是围绕中心工作，把主要精力放在主要环节上；二要落实目标责任；三要坚持一般事务与个别突破相结合，调动全体干部与领导带头相结合。

四、以人为本，关心干部的素养

调查队长是统计调查工作的领头人，要尽可能关心干部，体贴干部，帮助干部。只有真诚的关心、体贴、帮助干部，同志们才会以心换心，焕发出更高的工作热情。在此基础上带头并倡导深入调查现场了解被调查者的思想动态、喜怒哀乐。在力所能及的范围内为被调查者办实事，切实成为他们的真实朋友，共创调查工作新局面。

迎接挑战重在夯实基础

包文华 // 国家统计局东阳调查队队长

大家都知道，统计工作难做，基层统计工作更难做，但作为一名基层统计领导必须直面挑战，做好工作。基层统计工作，挑战因素在哪里？我认为目前主要是：统计力量与统计任务不匹配，统计要求与环境条件反差大，调查成本与工作经费不相应，统计制度与工作实际有脱节。

那么如何应对挑战，应对措施有哪些？这需要基层统计人不断思考、探索和创新。我觉得迎接挑战，目前最重要的是在以下几方面做出努力。

一、坚守统计职业操守。

在现阶段，职业道德和操守对统计工作者来说非常重要。某些领导为了政绩，想变通统计调查数据，以满足个人利益需要。面对这种潜规则，统计工作者必须坚守职业道德底线。如第一次经济普查时，我们普查数据与常规数据出现矛盾的时候，坚持职业操守，我们选择了尊重客观事实，实事求是。

二、严控源头数据质量。

统计的生命来自于真实。因此，必须严控数据质量。如农村居民住户抽样调查，就是通过记账户一笔笔记录，推算出农民人均纯收入，这个数据非常重要，各级领导非常重视和认可。其人均收入指标考核任务就落在调查队，这是对调查工作的信任和认可。

三、用好历史统计数据。

统计数据如果通过整理和提炼，其效用不可低估。我们一方面把历史数据作为重要的历史事实保管，一方面把这些数据整理、汇编、发布，供社会各界查阅。在我们进行某个行业和时期经济分析时，还通过历年比较和对比，使材料更有说服力和指导性。这就发挥了统计舞台的作用。

四、科学评估统计数据。

在抓好统计工作各个环节基础上，要科学评估统计数据，判断数据可靠性和准确度。如，工业生产经营有关数据，其紧密相关的就是用电指标。其工业生产增或减，用电情况是否一致，是比较科学的评估依据，可以通过用电变化推算出当地工业生产变化的情况。

我们的队伍我们的事业

王全 // 国家统计局吕梁调查队队长

县级调查队是基层统计部门，面对的困难是人员紧，经费不足，而工作量又逐年增加。如何克难制胜，做好基层统计调查工作，提高调查数据质量？总结经验，我们认为重点是，应抓好两个环节的工作，一是加强队伍建设，二是强化基层基础工作。

一、加强自身队伍建设。统计事业的发展，人是最关键的因素。多年来，我们始终把加强干部队伍建设摆在重要议事日程，在制度约束的基础上，全面培养高素质干部队伍。具体说：

1.培养一种精神。统计工作自来就是好汉不愿干，赖汉干不了。也就是说统计工作业务性很强，既辛苦待遇又低，没有一定的素质干不好。因此，在干部队伍建设上要重点培养一种爱岗敬业、甘于奉献的精神。为了稳定人心，我时时激励大伙：调查队改革以后，前途会一片光明，政治、经济待遇都会得到改善。大浪淘沙，沉淀下来的才是金子，我们就是要在统计上扎根、发光。同时每个周五下午，我们都要组织政治学习，主要学习《党章》《宪法》《公务员法》《公务员条例》和党在农村的各项新政策，全面提高全体同志的政治素质，努力造就一支思想过硬的调查队伍。

2.练就两手硬功夫。近几年，调查队的工作逐年增加，因此我们要求把每个同志都煅炼成专业工作多面手、农村工作的强手。在业务上，每个同志都要熟悉所有专业的调查方法，了解报表整理、汇总上报的具体要求，而且都能熟练使用计算机。同时多数同志都有驾驶执照，开展工作十分方便。在农村工作方面，要求同志们放下机关干部的架子，到农户以后，不能嫌脏嫌乱，说话要和气，要会唠农家嗑。采取各种方法拉近与辅助调查员和调查户的距离，鼓励队内同志与辅助调查员交朋友。前些年有的同志对村里的调查员说话态度生硬，人家不买账，拒绝报表，经过我们多次做工作才理顺了关系。而现在我们的队员都锻炼成了农村工作的强手，新调换的辅助调查员脾气各不一样，我们都能慢慢理顺好关系，有很多成了我们的朋友。

3.做到“三勤”、“四不怕”。我们做基层统计工作的，大部分时间是在农村，打交道的也是村干部和普通农户。要想把工作做扎实数据搞准确，就必须做到腿勤、嘴勤、手勤；不怕脏、不怕累、不怕晚、不怕烦。腿勤就是要经常跑农村，在检查指导工作的同时要多看，及时了解农业生产形势和农户收支情况。嘴勤就是要多问，多向农村干部问，向调查员问，向农户问，搜集我们需要的数据资料。我们在整理报表时发现不清楚的问题都必须经过核实，有的直接打电话到农户家中了解情况。手勤，就是要多写多记，各调查村的情况、调查户的人口、劳动力、上学就业情况都要记录。然后编辑成小档案，随时进行核对，农村发生的新情况新问题要写成信息上报。同时基层统计工作者必须有不怕脏、不怕累的精神，比如粮食产量调查，收割小样本时又脏、又累，有的人手磨出了血泡。但我们都能坚持一丝不苟。农忙的时候农民正点都不在家，我们就采取下午下村，晚上入户。有的农户不愿记账，嫌麻烦，我们就一次次去做工作，你去的次数多了，他还烦。但是他烦，我们不烦，把数据搞准搞实是我们的目的。

二、强化基层基础工作。提高调查数据质量，源头在基层，关键在基础。按照“强基础、筑防线、进真数”的工作思路，我们一直把基层基础工作作为工作中的重中之重来抓。严格执行河北调查总队制定的《统计调查专业基层基础工作规范化规程》，把目标管理责任层层分解，落实到专业，落实到每个人。在抓基层基础工作上我们主要从三个方面入手。

1.严格搞好“三定”。调查村、辅助调查员、调查户的选定，直接关系着以后工作的开展。因此在调查村确定之前我们都要深入到乡镇、村，重点了解调查村的班子状况，村风、民风情况，拟定辅助调查员的素质条件，对统计工作的配合程度等。调查村和辅助调查员的选定同时进行，其中辅助调查员是关键，因为他们是农户与调查队之间的桥梁和纽带。以前我们有的村辅助调查员是由村书记或村主任兼任，效果很不理想，主要是他们公务太多，入户检查指导少，收账报表不及时，影响全队工作。现在我们都选择村会计或村妇女主任做辅助调查员，因为他们都是本村土生土长的人，对全村情况了解，与调查户熟悉，走村串户方便。另外这些人都有一定的统计工作基础，责任心也强，开展工作得心应手。确定调查户主要注重配合意识、记账能力和责任心。在确定之前与村干部、辅助调查员了解各户情况，然后正式和调查户沟通。通过以上措施，确定的调查户工作质量都比较高，数字质量可靠。

2.加强业务培训。加强业务培训，全面提高辅助调查员和调查户业务素质，是保证调查工作顺利开展和进真数的基础。因此我们制定了严格的培训计划，每年的年初和半年的时候组织两次辅助调查员业务培训。年初的培训重点是全年工作安排和专业知识培训。一般在这次会上都特邀各村书记、村主任参加，主要是沟通感情，加深了解，使他们更好地支持辅助调查员和调查队的各项工作。半年培训目的主要是总结上半年工作，查找问题，找出不足，并对下半年的业务进行再培训。对调查户的培训我们主要是利用农闲季节分村组织，一般把10户集中到一起，讲解记账要领，互相观摩学习。通过定期业务培训，辅助调查员和调查户的业务素质都有明显提高，数字质量也有了保障。另外，每个月我们都要抽出几天时间，深入到村、户检查指导各项调查工作，一般一个月有针对性抽查三分之一的调查村。通过不断培训和检查指导，避免了农户记账一年有新鲜感，二年质量好转，三年就厌烦的情况发生。

3.加大感情投资。近几年昌黎县农村经济发展很快，农民生活水平有很大提高，目前有限的调查补贴对农户根本没有吸引力。一个农村妇女在各类小企业打工，一天能挣30—50元，秋后在海边加工扇贝一天能挣100多元。因此我们积极鼓励队里同志与辅助调查员和调查户交朋友，想他们所想，急他们所急，只要他们有事求到我们一定要全力以赴去办。辅助调查员家里有婚丧嫁娶大事，队里都派人参加，调查户出现大灾大难我们也去慰问，春节时还要打电话给他们拜年。农民朋友都心地善良，只要我们有行动就很容易感动他们。去年夏天我到一个农村住户调查村检查基础工作，这个村的辅助调查员最爱发牢骚，不是说自己忙没时间，就是说调查户嫌补贴少不愿记账。考虑到这一点，我去时就买了两个西瓜。他很感动，主动带着我们串户，有的农户不在家，就到地里去找。与农户座谈了解到该村农户对记账工作并不是很反感，问题主要出在了辅助调查员身上。通过这件事我们也体会到，农民不在乎钱多少，而主要是我们把思想工作要做细，把他们当朋友，我们的工作就一定能干好。

一位统计老兵的所思所想

杨清华 // 国家统计局三河调查队队长

作为一名在统计战线奋斗二十多年的老兵，我深知统计基础工作的重要，也对乡镇统计有多年的深入观察和了解，所以有了有以下的感悟和思考。

乡镇统计工作是政府统计最基层的组成部分，它承担着辖区内经济社会统计调查任务。其同样具有信息、咨询、监督的职能，并且对政府决策有着非常重要的导向作用。所以，必须提高对乡镇基层基础建设的认识，打牢思想基础，找到好的解决问题的办法和途径。

首先，加强乡镇基层基础建设是贯彻科学发展观的需要。一方面，随着国家经济的不断向好向快发展和社会主义市场经济体制的建立，加强基层基础建设，掌握全面真实的统计资料，是各级党委、政府研究经济发展轨迹、把握经济发展规律、制定发展规划和探求经济发展思路重要的科学依据。另一方面，大到国家，小到一个乡镇一个单位，都应对真实的统计资料做出科学的分析研究，为各级领导决策提供依据，这就要求基层统计工作者必须及时做好提前预警、过程跟踪、事后分析。

其次，加强乡镇基层基础建设是统计生存的需要。数据质量是统计的生命，而质量高低又取决于基层源头数据质量是否真实可靠。基层基础建设不坚，统计事业大厦必倾；统计基层基础建设不实，整个统计工作将是无源之水、无本之木。

再次，加强基层基础建设是统计服务的需要。强化服务意识，打造服务精品，是我们统计部门树立形象提升地位的重要途径，也只有这样，才能在经济社会发展中占有重要的一席之地。就以我们三河而言，地处首都东大门，市区西距北京仅58公里，是北京、天津、唐山三大城市构成的金三角的核心地带，在京津冀一体化和环渤海经济圈中居重要地位。得天独厚的区位优势，促进了三河经济的大发展，社会事业的大进步。而统计在促进发展中也起到了显著作用，历任领导都十分重视统计工作，不管是召开什么规格的会议，只要是研究经济问题，都要安排统计部门参加或列席。领导的信任同时也是压力，如何做好统计工作，充分发挥统计职能，为经济发展提供真实可靠、有实用价值和指导性的统计服务，要求我们更加紧迫地抓好基层基础建设，以务实的工作打造真实的数据。

观察和分析目前乡镇基层基础建设的历史和现状，可以看出，多年来，国家、省、市对加强乡镇基层基础建设出台了不少的相关政策，但各地因实际情况不同，所以执行的效果也不同。这里既有乡镇统计的内在原因，也有不可抗拒的外在因素。归纳起来主要存在以下几个方面的问题：

1.统计法律对乡镇的制约力尚显不足。如“乡镇统计人员的调动，应当征求县级人民政府统计机构的意见”这条规定，其中的“应当”容易被这样理解：征求县级人民政府统计机构的意见也行，不征求也可以。因此，法律对乡镇的约束力不强，而机构、人员的不确定性是造成基层基础薄弱的主要原因。

2.乡镇统计力量与统计工作量成反比。近年由于经历几次机构改革等原因，部分乡镇统计力量有所减弱。而统计工作量却逐年在加大，使乡镇统计人员难以招架。

3.乡镇统计人员变动快，队伍不稳定，业务难提高。一方面乡镇统计由于工作量大，任务繁重，得不到领导重视，干出成绩更难，所以一般的统计人员干不了一二年，就向镇领导提出要求调换工作岗位。另一方面，由于要频繁的应付各种统计报表与其它工作，已感到枯燥乏味，根本不可能静下心来去学习钻研统计知识，县级部门组织的有限业务培训也起不到太大的作用，所以乡镇统计人员的素质提高很难。

4.乡镇统计服务水平低。随着农村经济社会的迅猛发展，乡镇统计人员只简单完成统计报表已很难满足党政领导及有关部门对统计工作的需要，必须同样发挥统计信息、咨询、监督的职能，积极参加农村社会管理，为领导决策提供科学依据。但有些乡镇统计人员由于业务素质不高，写不出有价值的统计分析，即便写了，也是简单的数字罗列，造成乡镇统计只有数字，没有服务。

5.乡镇统计缺乏必要的政治和物质待遇。乡镇统计人员承担着繁重的统计调查任务，但付出的劳动得不到相应的物质回报，很容易伤害乡镇统计人员工作的积极性。

6.乡镇统计信息化推进缓慢。由于各地条件不同，所以推进统计信息化的速度也不同，即使实现县乡联网的地方，真正达到信息资源共享、所有报表网上传输的廖廖无几，往往是纸介质表和磁介质盘同时报送，这不但没有提高乡镇的工作效率，反而增加了统计人员的工作量，这也是制约乡镇统计发展的重要因素之一。

面对这样的现实和问题，如何提高统计数据质量，加强基层基础建设？对此谈几点建议。

1.从法律角度强化统计基础。统计法律法规对设置乡镇统计机构的有关规定应该更明确更有约束力，使乡镇统计从根本上得到强化。

2.在待遇上建立职级管理制度。为调动乡镇统计人员的工作积极性和岗位竞争力，应给予他们适当的待遇。比如是否可考虑，在乡镇从事统计工作满五年并经县统计部门对其工作表现和工作业绩评定为优秀的人员，由县统计部门建议县级组织部门给予副科级统计员待遇，工作十年以上符合条件的可以任命为正科级统计员，若调出统计系统仍可享受相应级别待遇并按同级别任用等。这样，既可以调动乡镇统计人员的积极性也可以使统计战线上人才得到合理的流动。

3.在业务上精减报表。应加大统计改革力度，根据实际情况，减少重复统计、全面统计和压缩报表频率。尽可能多地使用抽样调查、专项调查和减少月报、季报，尽可能改为半年报或年报。建议农业统计，全面调查采用住户调查的数据推算，并结合农业普查的数据进行调整修正。

4.加大培训力度。这方面一要增加培训的时间，建立季培训制度，每个季度都要抽2-3天的时间由县局人员或聘请专业人士对乡镇统计人员进行培训。二要扩展培训的内容，不仅是简单的业务培训，还要让乡镇统计人员学习统计的边缘知识和了解掌握国家的各项方针政策。三要保证培训质量。定期对乡镇统计人员进行培训测试，成绩好的给予物质上的奖励，对成绩差的进行补课。这样，才能使乡镇统计人员素质达到真实有效的提高。

5.通过推进信息化建设提高乡镇统计人员工作效率。由县局做好信息化建设资金的协调，积极推进县乡联网，努力构建资源整合与信息共享平台，抓紧开发专业网上报表与审核程序。用现代化的手段切实提高乡镇统计人员的工作效率，减轻工作负担。

6.通过优质服务提升统计地位。做好统计服务是乡镇统计人员与乡镇领导和相关部门进行沟通的纽带。统计服务不仅是向领导提供数据，还包括统计预警、统计分析和统计调研报告等。通过统计预警、统计分析为领导决策提供依据，通过统计调研报告向领导反映本地群众的热点、难点问题，并提出合理的建议和对策，只有这样，才能够真正发挥乡镇统计人员的职能作用，在乡镇领导和群众中有真正的地位。

学习的春风

康秋荣 // 国家统计局泰和调查队副队长

四月的重庆山花烂漫，春意盎然。在这美丽季节，我荣幸地参加了国家局在山城举办的培训班，聆听统计专家教诲，学到了知识，开阔了视野，理清了思路，收获颇丰，深受鼓舞。遥望青翠葱郁的歌乐山，感到学习的春风那么清新……

这次学习，《中国政府统计工作的现状和发展》《统计的思维方式》等课程，启发我要学会高起点、广视角、多层面去研究问题，要打破以往单一狭隘的思维模式，不断更新理念，提高领导技能。

这次学习，《如何当好区县局队长》一讲给我印象深刻。主讲于桂谦老师是一位基层统计领导，他有理论有实践地讲述了一名基层领导应该具备的素养和能力。一堂课下来，一位基层统计领导应有的形象颠覆了我脑海里原有基层统计领导乏味、呆板的那尊蜡像。我深深体会到，作为调查队的领导，既要立足统计谋发展，还要善于跳出统计看世界；既要掌握精、专的业务“独门内功”，还要博学广闻，会“外家拳”功夫；

既要率先垂范干事业，还要领导有方创佳绩。

这次学习，时间虽短，却有“四两拨千斤”之效，梳理思绪，还有如下心得：

——学习是人生第一要务。只有不断学习，才能跟上时代的步伐；只有深入学习，才能履行好自己的职责。国家统计局大规模培训基层领导和业务骨干，昭示了踏实搞好统计的决心和信心。各地统计精英济济一堂，共同学习方法制度，探讨运作模式，交流心得体会；没有高深莫测的理论灌输，竭力结合实际业务剖析问题；递条提问，现场解答，老师稍加点拨，学生有如醍醐灌顶，教与学互动，朴实中蕴含雅致，让我们看到统计事业发展的美好前景。

——读懂大势，统计改革渐入佳境。顺应形势要求，统计系统着手了思想观念、管理体制、制度方法等方面的改革。当前，四大工程建设正在有条不紊实施，各地的试点工作积累了宝贵经验，企业一套表制度将在年底全面铺开，这对于优化统计工作意义重大。虽然我们还面临着一些困难和问题，但只要我们解放思想、实事求是，迎难而上、排难而进，统计必将以崭新面貌展现在世人面前。

——塞翁失马，焉知非福？现在虽然统计数字受到越来越多的关注和质疑，但这并非坏事，恰恰说明统计迎来更多机遇。一方面可见人们对统计的认识深化了、对统计需求更多了、对数字生产过程的了解更迫切了；另一方面，各界对统计数字的空前关注，无疑给了统计一个展示自我的平台，赋予我们更大的发展空间。我们务必抓住统计事业发展的重要战略机遇期，奋力提高统计能力、统计数据质量和政府统计公信力，全面推进统计工作规范统一、改革创新、公开透明，充分发挥统计在国家宏观调控和经济社会管理中的基础性作用。

整个学习，有如春风伴我。告别重庆我满载而归，信心满怀。

一次培训班的感悟

康白宁 // 国家统计局雁江调查队副队长

2011年6月，我有幸参加了国家统计局在青岛举办的第27期县级统计局和调查队主要负责人培训班的学习，这是我在调查队工作24年来第一次出省参加全国组织的比较系统的集中业务培训。对于我来说，这次培训就像一场及时雨、一座加油站，使我有所感悟。

感悟一，知识就是力量。这次培训，授课老师既有国家局的领导，又有战斗在一线的统计调查工作者。培训内容有提高统计数据质量、统计分析、当前宏观经济形势、统计体制和制度方法改革、依法统计与统计执法、如何当好区县统计局队长等，培训内容集系统性、全面性、规范性和实用性为一体。培训形式充满智慧，融知识性、趣味性、技巧性为一体，使教与学形成互动交流、生动活泼。培训中，授课老师结合统计工作实际，引用生动事例对照分析，谈认识、谈感想，引导和帮助大家理解统计调查知识，端正思想认识，提高了学员分析问题和解决问题的能力。通过这样的学习，我感觉知识大增，视野大开，回去工作有信心，有了力量。

感悟二，使命更加重大。作为一名统计老兵，我强烈地感受到统计人的精神——默默无闻、甘于清贫的奉献精神更应该弘扬，爱岗敬业、有为有位、积极进取精神更应该强化。在统计部门工作的人，整天面对的是大量的数据加加减减，日复一日年复一年，没有轰轰烈烈的时候，更多的是平平常常和忙忙碌碌。这样的工作环境决不是人人都能执着坚持得住的，只有那些耐得住寂寞、甘为清贫、淡泊名利的人才能静得下心来做细、做深这份工作，不需要豪言壮语，却把它当作一种事业、一份使命去完成，在平常而平凡中默默奉献青春和心血。统计工作非同寻常，看似简单的一串串数据，具体操作中最能体现“细中见精”、“小中见大”的重要性，它是市场经济运行发展的晴雨表，党政领导决策管理的参谋部，社会各界咨询服务的信息窗，统计产品质量保证的守护神。往往一个小数点的错位，就会给国家经济带来“牵一发而动全身”的后果，因此没有高度的责任感和敬业精神是不可能做好统计这份工作的。

感悟三，创新才有出路。随着改革不断推向纵深，统计调查工作的矛盾日益凸显，社会各界对统计工作的“热议”更多，要求也更高，这对统计部门而言，既是机遇，也是挑战。对此只有创新才能化难为易、才能有所进取，才能有为有位。而且创新须从一点一滴做起做好。细节的变化，更能体现观念上的更新和进步。从小处着手，还要往大处考虑，认真作一些深层次的研究和探讨，不断挖掘市场经济运行发展的新思路，我想这才能做出大文章来。

增强责任心和使命感

陈建国 // 国家统计局泰和调查队副队长

参加国家统计局在重庆举办的第24期县级统计局和调查队主要负责人培训班，六天集中学习，紧张而充实。国家统计局培训中心为办好这次培训班，精心组织，严格管理，课堂井然有序，我们住得安心、吃得放心、学得上心、受益匪浅。

学习培训使我充实，增强了责任感和使命感。统计工作是反映国民经济和社会事业发展情况的基础性工作，也是各级政府科学决策的重要依据。基层统计是整个统计系统全部战斗力的基础，只有加强对统计理论、业务知识的学习，才能保证数据的准确性，才能更好地为各级领导提供决策依据。而且，现在国内外形势的新变化对统计工作提出了新的、更高要求。统计工作必须与时俱进，不断改革发展，才能适应形势发展的需要。“工欲善其事，必先利其器”，作为一名从事统计调查工作近30年的基层队的领导和老调查员，我深知自己的责任，只有不断学习、不断提高自身业务知识和理论水平，用统计理论去分析与解决工作中出现的新问题，才能更好地为各级领导提供信息、咨询服务。作为一名基层统计调查工作者，我们还肩负着对《统计法》等统计法律法规的宣传和贯彻实施，自己不但要守法，而且更要执法，使统计法律法规在实际工作中切实得到贯彻落实，使之更好地为经济社会服务，以增强党委、政府宏观调控和宏观管理的能力，提高统计部门在人民群众中的公信力。我们只有通过不断学习统计法和统计理论知识，增强依法行政的能力，才能更好的贯彻执行统计法，加大统计执法力度，进一步规范统计行政行为。

当前，由于统计工作的外部环境和内部条件等种种原因，统计工作还存在不少薄弱环节，统计数据质量还存在有待进一步提高的地方。通过学习我更深刻地体会到：实事求是是统计人员最重要、最基本的品质，是统计职业道德的核心内容；统计的生命就在于真实，真实统计是统计人员的基本职业操守；做一名合格的统计调查员，首先应当坚持实事求是，恪守统计职业道德，依法做好统计调查工作，杜绝弄虚作假行为。因此，我们必须以对国家对人民高度负责的精神，把实事求是作为履行职业责任和义务的最基本的道德要求。同时我们要依法行政，依法统计，树立起我们的统计信誉。

学习与思考

江天 // 国家统计局南丰调查队

"学习带来收获，压力提供动力，思考成就创新。"这是我在山城重庆参加国家统计局组织的业务骨干培训班毕业时的感悟。一个星期的培训，内容丰富多彩，安排有序，积极投入的学习，使我受益匪浅。

在培训中，领导和专家们关于"中国政府统计工作的现状与发展"、"统计制度方法改革"、"关于实施企业一套表的基本思想和工作安排"、"依法统计和统计执法"、"统计信息化建设"等专题讲座，大量而集中地为我们"充电"，使我们从宏观到微观对统计工作有了深刻的了解。而"统计的思维方式"、"中国宏观经济形势与政策分析"的专题则使我们在改善思维方式、了解经济知识方面补益良多。还有针对我们举办的"如何当好区县局队长"讲座，有的放矢，解决问题。

参加这样的学习感觉收获很大，非常有利于提高职业素养。我觉得即使是一个知识渊博的人，如果停留在原有的水平上，很快就会被时代淘汰；即使是一个工作上尽心尽力的人，如果不接受新的知识，也难以胜任新形势、新情况下的岗位。要做一个合格的统计工作者，广泛学习，不断“充电”，提升学习能力，提高自身修养，才能胜任本职工作。而且这种学习要立足于工作进步和修养提高，广泛学习一切有益知识。既学习与自己业务有关的专业知识，提高履行岗位职责能力，也要广泛涉猎政治、经济、法律、科技、文化、历史等基本知识，并把这些方面的学习同自身的工作实际紧密结合起来，做到“专”与“博”相结合，求知与修身共进步，使知识结构更加合理，个人修养全面提高。

学习也是一种自我加压，人有压力才有动力。人生需要自我加压，不断挑战自我。我虽然参加工作近十年，但平时忙于事务性工作，深入学习，深层思考很少。这次学习给了我这样的机会。根据老师所讲，结合所从事的统计调查工作，我深刻认识到当前工作面临的压力大，肩负的责任重，我要把压力变为动力，把学习的收获转化为谋划工作的思路，促进工作的措施，开展工作的本领。

恩格斯说，人类思维是“地球上最美的花朵”。这次学习，“统计的思维方式”讲座使我更加认识到一个人勤于思考、勇于创新的重要，我们的统计基础要实现“三转变”——从“单一型”向“综合型”转变、“被动型”向“主动型”转变、“个体型”向“管理型”转变，这个转变过程就是一个需要不断创新的过程。“创新思维更璀璨”，在今后的工作中，我们要在积极培育创新思维，激发创新思维上多倡导、多努力。

做好“人”的工作

蔡传华 // 国家统计局普宁调查队

自担任调查队长以来，我一直注重“人”的工作，主要做法和体会是:

一、以人为本，重在素质。为提高调查队员综合素质，我一方面加强自身的业务学习，沉下身子参与各专业的工作，苦练岗位技能，同时关心每个队员个人的思想动态、工作和家庭情况，尽力给予协助。一方面营造和谐氛围，形成工作上有交流、有学习、有支持的活跃气氛；生活上有交流、有理解、有关心、有帮助的和睦景象，增强了队伍凝聚力。在此基础上，把业务学习作为一项经常性工作来抓，组织多种形式的学习教育活动，分期分批把队员送到省和地方有关院校学习，鼓励队员参加国家学历、职称等学习考试，提高大家的综合素质。目前，现有队员均达到大专及以上学历，并先后通过国家统计师资格考试。

二、优化资源，形成凝聚力。为保持队伍的战斗力，高效率高质量完成调查任务，我采取了这样的措施：一是人岗相宜，科学组合。每项调查业务都安排一名有责任心、有经验的股长或队员为主要责任人，并有一至二名队员配合；而配合辅助的队员又承担其它的调查工作。一旦个别队员因故空岗，就有人顶班避免工作延误。对突击性任务就全体动员，必要时变辅为主，分组搭配共同完成。二是能者为师，岗位互学。要求大家一技多能，充分发挥传帮带作用，在交任务的同时教思路。三是布置任务讲求细节。对每项工作都设想多种情况及应对方案，使每个执行者心里有数，最大限度化解不利因素，向最佳效果努力。四是督促工作融入指导。一方面对差错行为严肃批评；一方面帮助分析原因，传授知识和正确方法，及时改正或采取补救措施，汲取教训，完善提高。

三、对人真情送暖，赢得真心支持。调查数据源于调查点及调查户，做好工作的节点仍然是“人”。首先，对于框定的调查点、记账户亲自上门送给有关资料，宣传调查工作的意义和职责，请他们配合。有时一次未能做通工作，找机会再做，并根据不同情况，请居委会、单位领导、同事，甚至亲朋好友协助，用真情赢得配合。其次，新的调查网点和调查户启用后，经常进行集中培训，并通过互相介绍、建立融洽关系。不论是调查点、记账户本人或是家里人生病，我们都要购买营养品上门看望慰问。在收取调查报表和调查账本时，我们详细查阅内容，把问题解决在源头。

沉下身子接“地气”

洪祖荣 // 国家统计局青田调查队

作为国家的基层统计调查机构，要想有声有色地开展工作，就一定要沉下身子深接“地气”，在植根基层中培育统计能力，在深接“地气”中展示统计作为。

我们在工作中倡导和强化接“地气”，是因为我们的调查数据来源于此，我们要掌握的第一手资料来源于此，我们脚踏实地的作风培养来源于此，接好“地气”，才能使统计调查事业之树根深叶茂，充满生机。

为此，我们在工作中深入基层调研，努力提供优质的统计产品。我们围绕党和政府中心工作、跟踪重大政策执行情况，撰写调研分析和课题研究报告，内容涉及新农村建设、和谐社会建设、节能减排、土地规模化经营、物价、医疗保障等热点话题。这些统计产品为领导决策提供了有价值的参考信息，不少文稿被媒体或决策刊物采用。在完成省队布置的专项调查基础上，我们还围绕区域中心工作，组织开展了余粮情况、雨雪冰冻灾情、农村教师收入状况等多个专项调查，为县委县政府决策提供参考依据。这些深入基层接“地气”的工作，使我们更深入地接触了实际，接近了百姓，为更好完成国家调查任务奠定了良好的基础。

在圆满完成国家调查任务的基础上，我们积极融入地方工作，大力展示统计作为。只要有利于有助于地方社会经济发展的调查工作，我们就主动向县委、县政府汇报，争取地方领导的关心支持，同时主动融入地方中心工作。如派出精干力量，参与滩坑电站移民工作，完成了移民建房和工程款结算等工作，并开展了移民户结对帮扶工作；在县委开展的“一户一策一干部”结对帮扶活动中，局队领导深入走访结对户，制定帮扶措施，并落实帮扶资金5000元，赠送小鸡300多只，按照“不奔小康不脱钩”的要求切实抓出成效。

沉下身子深接“地气”，给了我们力量，给了我们底气，给了我们甜头。我们将继续深接“地气”，奋力前行!

PART

第三辑 03

基层统计教育和培训工作千头万绪，抓什么、怎么抓？各地都有很多思路、很多做法，也都取得了很好的成效。一滴水可见阳光的七彩。统计培训，一个地方一项工作做得有想法、有创意、有成效，可以举一反三，给人借鉴，给人启示，使统计培训工作的园地“百花盛开，春色满园”。请翻开第三辑，让我们一起走进七彩云南……

一分耕耘　一分收获

——云南省统计教育培训风采录

韩际平 // 国家统计局教育培训中心

龙年之春，来到彩云之南，拍摄统计教育培训电视片——《云南纪事》。云南有大自然的鬼斧神工，有绚丽多彩的人文风情，所到之处美景美不胜收。山美、水美、印象美，穿行其间，江山多娇，令人叹为观止。但我们的摄像机却难以更多流连，因为更多的镜头，要聚焦这山水间的统计人，要讲述他们在统计教育培训的沃土上播种、耕耘、收获的故事。

数字，是统计人的最爱，也是最雄辩最简洁的表达，走近云南统计教育培训，让我们从这样一笔数字开始：

2010年云南省统计工作会议提出："用三年时间对全省乡镇统计人员轮训一遍，实现全省乡（镇）统计人员素质得到明显提高的目标。"目前这一目标已经提前实现，全省1300多个乡（镇）统计站的3000多名统计人员得到培训。

采访云南省统计局局长姚堂文，谈到如何抓统计教育培训时他有两个比喻：一是“四两拨千斤”，二是“磨刀不误砍柴工”。

云南的拍摄之行，多是乘火车，也许是习惯，随着车窗外的景色不时掠过，听着列车持久而坚韧的铿锵，思索也像没有尽头的轨道，不断向前延伸……

这次采访，主题是云南乡镇统计轮训工作。车窗外时而一片片移动而过的田畴，时而错落有致映入眼帘的农家房舍，与乡镇、基层这些词很吻合，乡镇统计是统计的最基层，多少乡镇统计人员就是在家乡这片热土上，辛勤地奔波忙碌着……

俗话说“上面千条线，下面一根针”，乡镇统计方方面面千头万绪的工作，到了基层，就落在几个人的身上。记得原国家统计局老局长李德水总是语重心长地说：“统计工作，基础不牢，地动山摇。”如何打牢这个基础？工作也是方方面面千头万绪，云南省统计局从狠抓乡镇统计轮训入手，以人为本，提高素质，给出了一个很有启示意义的回答。

乡镇统计作为统计基础工作的最前沿，是数据的源头所在，若要数据的源头之水清纯干净，提升乡镇统计人员的素质至关重要。这个道理很简单，但做到很不容易。云南省统计系统从上到下各级统计机构层层重视、层层动员，决心大、力度大，收效大。

他们为何如此着力统计培训？这是采访云南省统计局局长姚堂文时我开门见山的问题。

“我是从乡镇统计员、县统计员、县统计局长、州统计局长、州经贸委主任、县委书记、副州长，再到省统计局当局长的。”姚堂文说，“所以深知统计数据与人员素质关系密切，而基层统计人员流动频繁，人员年轻，不强化培训很难适应现实统计工作的要求。”

经历是一种财富，观念是重视的导向。姚堂文重视统计教育培训，重视提高基层统计人员素质，与他丰富的经历不无关系。他曾参加过云南大学统计专业自学考试并完成学业，之后一直保持强劲的学习状态，已经完成了中国人民大学研究生院工商行政管理专业的学习。作为省局“一把手”，姚堂文的学习对自己是一种智力充电，对大家也有一种表率作用。

云南省统计局重视统计教育培训的着眼点和落脚点是“人”，姚堂文说：“事业的兴旺离不开人，人的素质的提高教育很关键。统计教育真正抓好了，就会显示出明显的效果。抓和不抓不一样，抓好和抓不好不一样，抓的力度大小决定效果也不一样。统计要实现可持续发展，培养造就一大批能担当重任，又熟悉统计业务的勤勤恳恳、积极肯干的统计人才，是至关重要的。统计人只有坚持不懈地学习，坚持理论联系实际，不断更新知识，真有真才实学，才能充实和提高自己。”

作为一名统计领导者对教育培训持有人本观念，人才观念殊为重要。小平同志早在上世纪80年代就这样强调：一个十亿人口的大国，教育搞上去了，人力资源的巨大优势是任何国家都比不了的。国家如此，统计事业也一样。全国政府统计人员有10万之多，人员素质和人才培养，与统计教育密切相关。对统计教育培训国家统计局历来十分重视，国家统计局局长马建堂曾这样具体强调：“要创新干部培养方式，认真办好各项培训班，努力提高统计人员的调查技能、管理技能和工作技能。”

在云南采访，感到统计系统各地各级统计领导的人本观念、人才意识很强。丽江市统计局局长康联智说：“人本观念、人才意识非常重要，对统计基础工作而言，只有基层统计人员的素质提高了，统计数据的质量才会有根本的提高。”昆明市统计局局长徐晓青说：“统计的经验和经历告诉我们，有为才有位。但是有为的前提是要有人，有高素质的人才。有位，要靠我们这个队伍去做去努力，这个队伍的统计人必须具备统计工作所需要的素质。”大理州统计局局长杨瑄说：“按照‘三个提高’的要求，我们提出建设一流队伍，提供一流服务，创建一流统计信息平台，争创一流业绩这四个目标。但怎样才能达标？必须把提高人的素质、人的能力放在重要位置。这是我们狠抓统计培训的出发点。通过教育培训我们全州统计队伍的专业素质和精神面貌都发生了很大变化，对统计服务工作促进很大。”

云南统计教育培训抓得好抓得实，与施教者紧迫感和受教者的渴望感很有关联。云南省统计局纪检组长熊晓东说：“‘三个提高’的提出和‘四大工程’建设的推进，对我们统计队伍、统计人员提出了非常高的要求，基层统计人员对培训的渴望是非常强烈的！省统计局党组历来高度重视教育培训工作，每年都安排专题进行研究。制定好规划，落实好各级的责任。”主抓这项工作的省局教育培训中心主任戴芬说：“党组特别重视，成立了由局长任组长，其他副局长任副组长，然后我们相关处室为成员的领导小组，各州市也成立了领导小组。”

云南省统计局领导对基层统计培训的重视，来自对基层统计现实的深刻认识，来自适应统计改革大势的需要，来自基层统计人员的学习渴求。然而，领导重视，落到实处才是真正的重视。

重视不仅只是一个说法、一个承诺，落实在具体工作中都是具体问题。比如培训经费问题。世上没有免费的午餐，搞培训钱不是万能的，但没有钱是万万不能的。落实培训经费，是一件实实在在的大事。2011和2012两年，云南省统计局经过与财政部门协调，将培训经费列入预算，先后申请并到位专项培训经费800多万元。省统计局姚堂文局长说：“基层统计培训，必然要有人财物的支持。关键就是要看这种支持值不值。作为局长我考虑、我觉得：事业以人为本，人员素质最为重要。花上500乃至1000万我也会做。从基层这一根本抓，抓人才这一根本，对推动事业发展，搞好队伍建设，作用是‘四两拨千斤’”。

“四两拨千斤”。一个很好的比喻，很有投入产出意识。既揭示出云南省统计局领导重视统计教育的原因，也体现了他们执政统计工作的领导艺术。“这么大的经费支持，保证了我们乡镇统计人员轮训工作的顺利进行。”省局教育培训中心主任戴芬说。

有了“四两”怎么拨动“千金”？

姚堂文局长说：“钱要用在刀刃上。我们建立了一个用钱机制。就是说，各地统计乡镇轮训搞得早搞得好的，我们实行补助机制。比如培训一个基层统计人员我们补助1000块，同时议定地方同步要有配套资金保障。这样的话，如果哪个地方不搞轮训，不搞好轮训，就拿不到我们这笔经费补助，没有经费支持你就很难做好这项工作，而你又必须要完成这项工作。这就形成了动力和压力的良性循环和互动。所以这个激励机制一启动，就大大调动了各地轮训基层统计人员的积极性。其实更多的资金投入还是在下面，在州（市）人民政府、县人民政府，还有一些企业主管部门。这样我们补助的钱作为引导资金，就起到了一个‘四两拨千斤’的作用。”

云南的“四两拨千斤”不仅体现在钱的运作上，更重要更有意义的还在于面向长远的战略考虑，或许这正是他们心中更重的“千金”。对此姚堂文局长说，“要跳出统计搞统计,把统计置身到经济社会的广阔天地中，这样才能搞活统计，才符合于时代发展的需要。就统计搞统计，思维不开阔，眼界不打开，不汲取新知识，不仅做不好统计工作，而且还要落后。”

姚堂文局长的话使人想到一种说法：“经济是今天，科技是明天，教育是未来”。对统计来说，统计教育之所以是未来，在于它为统计人的职业道德培养和专业技能提升，提供了持续发展的动力、目标和环境。我国古代思想家管仲说：“一年之计，莫如树谷；十年之计，莫如树木；终身之计，莫如树人。”从这样的角度和高度，看云南统计的“四两拨千斤”，不禁进一步引人深思：面对未来，面对未来统计人才的培养，统计素质的提升，应该有怎样的理念？怎样的作为？

观念是一种向导或说导向，对统计教育培训的重视和支持，使云南统计系统乡镇统计轮训工作一路绿灯。采访中接触的很多地（市）统计局领导，对省统计局开展的乡镇统计人员轮训工作都颇有好评。大理州统计局局长杨瑄说：“云南统计教育和培训抓得有声有色，与省局领导重视教育的理念直接相关。拿我们大理州的乡镇统计人员轮训来说，之所以进展顺利、成效显著，关键是省里的重视和支持。省里不仅在2010年的全省统计工作会议上，提出对基层统计人员培训的具体规划，还专门划拨培训经费，免费给学员发送教材，师资有请必到，省局各处室的领导和业务骨干还经常来指导培训。”

丽江市统计局局长康联智说：“培训这项工作省里做得好、抓得紧，这必然激发我们的积极性，响应省里号召和部署，已经成了我们自觉的行动。”在昆明市我们采访了呈贡区统计局局长王艳明，看得出他既是有备而谈也是有感而发：“乡镇统计轮训对提高基层统计人员的素质作用非常大，可以说是从源头上提高统计数据的质量，这肯定是非常有意义的。参加培训的同志都反映说无论是理论素养还是业务技能都提高很快很大。我觉得我们呈贡区各个街道统计站的整个工作水平都得到了很大的提高。这种培训非常必要、非常及时。”在场的呈贡区龙城街道统计站站长李桂芝是从学校转行来搞统计的，她接着王艳明局长的话说：“我原来不是干统计这一行的，来之前当老师。好多人对我说统计不就是‘统计统计加上估计估计’嘛？但是我参加了省市县各级统计知识培训后，对所谓的‘统计加估计’，有了正确和科学的理解和看法。”

在丽江古城区统计局，一进会议室眼前顿时一亮，满墙金灿灿的荣誉奖牌，许多女同志身着漂亮鲜艳的民族服装。一位纳西族女副局长奚秀兰相当认真且很有感触地说：“古城区作为丽江最重要的景区，服务业发展特别快。区党政领导对统计数字要求也越来越高，统计任务自然越来越重。我们感觉要跟上形势跟上需要，加强统计人员的培训太重要了！对乡镇统计人员包括我们区局的统计人员来说，系统培训、系统学习，才能有全面的提高。这类培训相当必要，希望有更多的学习机会。”

“四两拨千斤”的观念和效应，不仅推进了乡镇统计轮训，也带动了云南统计系统全方位的教育培训。姚堂文局长说：“统计教育培训要全面推进，乡镇统计员展开培训的同时，我们同步也强化了统计高端培训。2011年我直接去找省领导，申请培训经费150万，用以组织80多名州、市的统计局长和省局处以上统计干部到清华大学学习，这是有史以来没有的。”

2012年，云南省统计局又加大力度，投入经费200万，组织各级统计领导和业务骨干，到北京大学强化培训和学习。

参加了北京大学培训班的大理州统计局局长杨瑄说：“这个高端培训很重要很有意义的一点，就在于指导基层统计工作。学过之后收获很大，实践中的问题，基层工作的难点，通过这样高端学习，可以促进思考，举一反三，找到对策。”在丽江市统计局采访时，看到局长康联智正准备赴京参加北大开办的培训班。他说省里的北大培训对他是“雪中送炭”。康联智原是丽江市委副秘书长，履新丽江市统计局局长不久。新官上任，他强烈感到学习的重要和紧迫：“这个班对我更是急需，我现在是急需充电，急需补充知识，急需更新知识，对我这是头等大事。特别是到任就赶上实施企业一套表和联网直报这样的改革大动作，确实感到要适应这样的改革，要跟上这样的步伐，统计教育培训是最给力的办法之一，无论是乡镇统计轮训还是统计高端培训都起到了给力的作用。”康联智局长的岗位变化和学习渴望，不禁使人想到现在统计系统来自其他系统或部门的各级统计领导越来越多，他们背景不同，理念不同，但都要在统计这个平台上重新起步而且还要领衔领军，怎样才能再展身手、再立新功？显然强化统计学习、培训是一个有力的选项，一个有效的途径。

在省统计局还听到局长姚堂文关于统计培训的另一比喻：“通过人才的培训教育、继续教育提高素质，对推动工作、提高工作水平、服务水平、实现‘三个提高’，非常必要，很有好处。搞好这些教育培训，是要花时间、花精力、花钱，但是大大有利于提高工作质量和效率，这就是那个道理——‘磨刀不误砍柴工’”。

“四两拨千斤”、“磨刀不误砍柴工”是一种感悟也是一种启示：统计教育培训如何抓、抓什么？和统计领导者所保持的理念、所给予的重视、所提供的支持，密切相关。

随着采访的脚步，更多的见闻扑面而来，更深的思考在延伸……

采访云南省统计局纪检组长熊晓东，他办公室有一幅“天道酬勤”的横轴书法。这四个字给我一种启示：云南统计教育培训搞得好因素很多，但有一点至关重要——“天道酬勤”。

收获总是垂青勤奋的耕耘，在统计教育培训的沃土上，收获在于勤于耕耘，勤于思索，勤于实践。

在2011至2012短短两年间，云南省统计局对全省3000多乡镇统计人员进行了轮训。这短短的时间和简单的数字背后，是大量具体、繁重而细致的工作。

毛泽东说：没有调查就没有发言权。开展好轮训，首先要摸清底数，才能心中有数。对如何下基层调研，国家统计局局长马建堂曾说：“要沉下身子，深入一线，掌握第一手鲜活的材料，了解基层的困难和问题，倾听基层统计人员的意见和建议。”云南省统计局就是这样，经过深入的调研，心中有了底数，脑中有了对策，手中有了办法。省局教育培训中心主任戴芬说：“我们前期的深入基层、组织调研很有成效，各级政府领导、乡镇统计人员对培训渴望强烈，要求迫切。特别是乡镇统计人员对我们的调研给了很大支持、很有力的配合，使我们更多更详细地了解了基层统计人员的素质状况、知识结构和充电需求。在基层进行调查和评估后，我们信心足了，使命感强了，责任心大了，深刻感到乡镇统计轮训确实势在必行，必须而必要。”

经过深入基层调研，广泛征询培训需求，云南省统计局对乡镇统计轮训确立了“实际、实用、实效”的原则。姚堂文局长介绍说：“对整个培训我们是有规划、有目的、有投入、有目标、有效果，不走过场，不应付了事。既要积极稳妥、稳步推进，又要讲求效率、保证进度。”

一个切实可行的培训方案，是培训工作的纲领。省局纪检组长熊晓东解析方案时说：“我们的培训方案分两部分，一部分属于规定动作，就是乡镇统计人员培训必须讲的课程；另一部分是各地培训可以根据自己当地实际情况和需求，做相应的内容调整或补充。”

一部好的培训教材，是提高培训效果的保证。为使乡镇统计轮训教材——《统计基础知识读本》更适用、更生动、更切合实际，云南省统计局组织编写人员反复征求意见，多次进行修订。省局熊晓东纪检组长显然对这部教材很熟甚至很有感情，他如数家珍地翻阅并讲解说：“我们这个《统计基础知识读本》，是专门为这轮乡镇统计人员量身定做的。耗时一年多打磨出来的。”局教育培训中心主任戴芬对编写教材过程中相关处室的支持很感谢很感慨：“编写这样的教材是一个需要群策群力的工作。我们无论找到哪个处室，他们总是有求必应，而且按规定时间、规定章节、一丝不苟地完成。配合得特别好！太感谢他们了！”

一支强有力的师资队伍，是培训的主力军。从这一角度讲师资的力量决定着培训的质量。“的确，师资非常重要，我们组织了强有力的师资队伍，老师主要是我们省局各个专业处室的专家和骨干。下去讲课他们不辞劳苦，每一位都非常敬业。

作为培训者他们都把为乡镇统计人员讲课当作应尽的责任和义务，同时也当作提升自己的机会。”局教育培训中心主任戴芬说：“我们的培训师资，主要是仰赖各处室。和编写教材一样各处室相当支持，和他们配合得相当好，没有他们的支持，没有他们不怕劳累多次到各个州市巡回讲课，完成这样繁重的教学任务简直不可想象。另一方面，扩大师资队伍，我们多次举办师资培训班，对200多名各州、市承担教学任务的统计业务骨干进行了培训。同时立足需要，着想长远，还建立了培训师资库。”

支持轮训工作，增强师资力量，省局领导率先垂范，省局纪检组长熊晓东就是其中的一位。他在轮训讲课中，担纲统计职业道德教育的授课。问他领导工作一定很忙，为何还要自己加码？他说：“承担讲授统计职业道德教育这个专题，主要是基于三个方面的考虑：一是带个头；二是统计职业道德教育是我们培训乡镇统计人员的重要专题，这是统计法规定的必须培训的一个专题；三是根据统计队伍的现状和自己平时的工作、调研当中的一些分析和思考，与学员们交流沟通。”

一项好的培训，是一个规范管理、按需施教、精选课程，结合实际、注重实效，跟踪评估、确保质量的过程。为了确保这一过程不是一个过场，云南省统计局事前有布置，事中有监督，事后有测评。省局纪检组长熊晓东介绍说：“每一个培训班，都有我们教育培训中心的同志去。去了以后他们要做两件事：第一是对教学者也就是讲课老师做一个测评，通过学员测评量化看看老师的课到底讲得怎么样，基层统计人员究竟喜不喜欢、满不满足需要；另一个是做好问卷调查，向学员了解他们欢迎什么内容、喜欢什么形式的培训，在工作中哪些统计知识最需要而又相对薄弱，急需补充。那么这些测评结果和学员问卷，就是我们检查自己工作成效和进一步改进工作的最好依据和参考。”

“是的”省局教育培训中心主任戴芬说，“比如发现学员他们急需、亟待解决的一个问题是，特别需要统计工作实际操作的一些知识，特别是动手技能，我们就在接下来的培训中，在操作性、实用性方面加大力度、增加内容。”

乡镇统计轮训，地市也是一个重要环节，在教学上为基层着想，各地采取了很多符合自己实际且行之有效的方法。大理州统计局局长杨瑄告诉我们:“大理州局对县乡就采取了送学上门，由州局安排老师巡回到县里或到乡镇培训统计人员。”

送学上门，我们跟随大理州办公室主任马绍涛实际感受了一回。途中，作为送学上门的老师，马绍涛边开车边给我们介绍:“我们大理很多县、乡镇，路远地偏，州局就派业务骨干和科室领导到下面送学上门去给基层统计员讲课、辅导。虽然来回跑辛苦些，但看到基层很欢迎也就乐在其中了。再说备课、讲课、辅导别人，对自己也是提高……”马绍涛灵活地转着方向盘，车外时而山水时而村镇匆匆掠过，看前路铺展无际，真切感到: 走基层方知工作难，为基层重在服好务。

记得国家统计局长马建堂谈服务基层时曾这样说过:“要牢固树立基层观念，切实将基层工作作为一切工作的着眼点和着力点，始终如一地重视、关心和服务基层。”基层统计培训，“基层”两个字涵盖广泛。对于地市乡镇是基层，对于省里地市又为基层，以此上推。各级统计机构重视基层就是重视自己，就是强化自己。云南的乡镇统计人员轮训，可谓全方位抓层层，层层抓，环环相扣，良性互动，相得益彰。省局纪检组长熊晓东说：“国家统计局对教育培训工作重心下移、强化基层的举措，对我省统计乡镇统计人员轮训是一个极大的促进。国家统计局教育培训中心无论是在教学安排的指导，还是教学内容的指导，给予了我们非常大的帮助和支持。”局教育培训中心主任戴芬说：“国家局教育中心的领导，多次深入到我省统计基层单位调研，提出了很多有价值的建议，帮助我们解决很多实际困难。有这样的后盾支持，我们工作起来感觉很踏实。”

在大理有幸赶上一次乡镇统计培训班。两百多人的培训，聚集了全州基层统计人员。那几天学习热潮涌动，民族风景亮丽。很多学员把这样的学习盛举当作欢乐节日，都穿来了民族服装。那些白族、彝族、藏族、苗族的学员，在培训课堂上，民族服饰风彩各异，听课学习聚精会神却一模一样。真是一派培训好风光。

课余和学员们座谈，不时被他们的学习热情感染、感动。大家发言特别踊跃，有的说：这样的培训她已经参加三次了，每次都学有收获，长知识长见识；有的说：刚上岗三个月，最渴望尽快进入熟练的工作状态，工作得心应手一些；有的说：从其它行业过来的，很少接触统计，这次培训大有提高；有的说：他在企业里兼职统计，培训使他认识到，兼职更需加强这方面的学习；有的说：特别需要补充统计分析写作知识，最欠缺的就是统计分析能力和水平，特别想写出一些有份量的东西；有的问，能否有机会到北京参加统计培训？还有一位显然刚进统计队伍说得很有意思：我觉得统计人好处，好打交道，集中培训好像来到一个大家庭，我一定得好好干！

在昆明市统计局，徐晓青局长也很兴奋地介绍着有关情况："我们办了两期培训，办之前我们估计人可能不会到齐，结果一开班，班班满员，大家积极性非常高。我们还采取了逐级培训的办法，我们培训县级骨干，培训乡镇的骨干，由他们再去培训企业，这个效果也非常好。加强培训，给基层统计队伍带来了巨大的变化。"

一分耕耘，一分收获。省局教育培训中心主任戴芬说："这两年培训下来，经过搜集回馈、分析测评意见和教学评估，结果是：乡镇统计人员很认可，充分肯定，他们觉得轮训设置的课程，讲授的知识，操作性、实用性非常好，对实际工作大有帮助。"

风物长宜放眼量。更为可贵的是，直面基层统计人员的流动性，云南统计教育培训，有着宽阔胸怀和高远的境界。和省局纪检组长熊晓东谈到如何面对现实乡镇统计人员不稳定而又必须对他们加强培训的矛盾时熊晓东说："乡镇统计人员应该说流动性比较大，特别乡镇的换届是三年一届，那么统计人员的变动随之而来的是每三年就出现一次高峰，因此我们这个培训以后还要不断再搞下去。"

"但是，有人说辛辛苦苦培训的人，最后在不稳定中流动走了，岂不很可惜或说白费工夫了吗？”我们这样追问。“即便流出去，他在统计部门的这几年受到的培训，不会在他的脑中完全流失，不管他走到什么部门到什么岗位上去，他对统计有所了解有所认识，对于我们统计部门、统计工作也是一种支持，也是一个社会基础和统计意识的资源。从这一角度看问题，我们是乐观的，是感觉值得的。”熊晓东说。

是啊，统计教育培训应该有这样的境界、这样的胸怀。这样，统计教育和培训才能成为普及统计知识的播种机，成为传播统计意识的宣传队。

采访、拍摄虽然行程短暂而紧张，但渐行渐强地感受到教育培训这项被省局姚局长喻为“四两拨千斤”和“磨刀不误砍柴工”的工作，有着怎样的教化和提升的力量。工作之余在玉龙雪山的脚下看了张艺谋导演的实景演出——《丽江印象》。台上的壮观非常震撼人心，后来又得知了幕后排练的故事，不禁对“培训”更加“浮想联翩”。《丽江印象》的500多名演员，都是当地的农民，在台上他们骄傲地喊着“我们是农民，我们是大明星……”他们能有今天的成功，来自强化的艺术培训，女导演王潮歌对参加培训的农民有一段“训词”给人印象深刻：“你们要功夫没功夫，要长相没长相，凭什么要比东方歌舞团、总政歌舞团那些优秀演员强，要凭你们的状态！什么状态？我和你们拼了！”

文艺培训和统计培训虽然形式内容大不相同，但从人的教化培养和人的素质提升而言，二者可说是异曲同工。《丽江印象》不仅给人启示也给人“要凭你们的状态”的激励，这种激励带着我们的采访更近地走向那些为了统计教育培训默默奉献的人们，更深地感受他们那种爱岗敬业的精神和状态。

云南丽江古城有一座刻有“天雨流芳”的牌坊，这四个字的汉语意思是天降润雨，滋生万物。但以纳西语发音意思却是“看书去吧”。统计教育是组织召唤更多统计人“看书去吧”。“这工作是很辛苦很累，但我们干得痛并快乐着！”局教育培训中心主任戴芬说。

“天雨流芳”——“读书去吧”。这是一种勤奋向学的氛围。走云南，统计系统上上下下学习、培训热潮涌动。统计教育提出的“要我培训”，在这里变成了“我要培训”。所见所闻令人感慨也让人欣喜。“我们就是要利用统计教育这个平台，打造队伍，提升干部素质，促进统计事业又好又快地发展。”省统计局局长姚堂文说。

打造一个良好的教育培训平台，耕耘好统计教育的沃土，一个特别能战斗的团队，一种奉献、敬业的精神非常重要。有句话说：老师给学生半桶水，自己先要有一桶水。组织统计教育培训，最重要的工作，就是要把有“一桶水”或更多“水”的老师发掘出来，组织起来，使他们用知识之水，更好地浇灌学员渴望知识的心田。云南省统计局教育培训中心这个团队，就是这样在学员和老师们的身后，默默地做着这件事。省局分管统计教育的领导熊晓东说起部下赞赏溢于言表：“实践证明，这个团队是有战斗力的。他们七个人一条心一股劲，工作有活力、有干劲、有创新！他们加班加点、吃苦耐劳、从不报怨，抓得非常好。”

两年时间，轮训3000多人，可想而知，讲台上下，课前课后，要付出多少心血、多少汗水啊！在这样的工作中，云南省统计局统计教育培训中心这个团队给人印象深刻。

“因为每一步工作都环环相扣，不容疏忽和懈怠，苦点累点是自然的。”教育培训中心主任戴芬说，“这个工作苦、累和困难都是有的，因为每一步工作做下来以后，前期和后期都有很多困难和很大难度，从培训策划到学员组织，从教材编写到师资配备，从教学测评到学习效果，每项工作都很具体。这两年全省16个州市我们都跑遍了，虽然大家感到很辛苦，但觉得很值很欣慰。为我们云南省的基层统计工作，双基建设，做了积极贡献，我和大家都感觉是值得的。两年下来虽然有苦有累，但很快乐，用白岩松那句话来说就是‘痛并快乐着！’”

戴芬这位女同志，一跨进统计门槛就干上统计教育，至今已27年了。用她自己的话说：“我在全国统计教育战线上可能算是时间最久的了。问我27年干这工作是什么感觉，我觉得还是那个‘痛并快乐着’。”

痛并快乐着。是一种感觉，也是一个过程；是一种精神，也是一种状态。什么状态？就是那种平凡而又不平凡的园丁精神：不辞辛勤劳苦，总是任劳任怨。在北京大学云南统计局的培训班上，戴芬忙教务忙管理，一人跨两期，一忙就是半个月。问她，这么久了，很辛苦吧？她说，“只是有点儿惦记家里……我非常热爱我的工作，为之付出是我的心愿。苦点累点没什么，还是那句话：痛并快乐着！真的。”

一个团队有这样的带头人，就有拧成一股绳的力量，就有特别能战斗的精神，就有团结和谐力争上游的氛围。甘苦寸心知，润物细无声。在基层统计教育的园圃里，云南统计人兢兢业业，默默苦干，辛勤耕耘，不断收获。相比之下，感到手中的摄像机所能记录的太微薄了。

对云南的乡镇统计人员轮训和其他统计教育培训工作，国家统计局教育培训中心（中国国际统计培训中心）主持工作的副主任夏荣坡评价说："统计教育培训工作，事关统计人才成长,事关统计事业发展。云南省统计局统计教育培训中心的同志们，在云南省统计局党组的高度重视和有力支持下，既勇于担当又善于谋划，既立足当前又面向未来，在统计教育培训工作中，表现很精彩，成绩很喜人。特别是在乡镇统计人员轮训这项艰巨繁重的工作中，表现尤为出色。他们这种爱岗敬业、甘于奉献的精神，这种知难而上、锐意进取的作为，令人赞赏和感佩！面对统计改革与发展的机遇和挑战，我们统计教育工作者，需要这种精神，需要这样的作为。"

国家统计局局长马建堂曾说："统计系统历来重视学习。实践证明，统计事业的发展，各项统计改革和建设的推进，统计队伍素质的提高，都与我们重视学习、善于学习密不可分。要加强统计教育培训工作，鼓励干部增长才干。"云南省统计局就是这样，鼓励支持干部学习，不遗余力。省局姚堂文局长说："我们对干部教育是多方面的，不单注重学历教育，知识教育，而且强化能力教育，提倡培养造就复合型人才。"

把这样的学习培训理念具体落实于行动上，姚局长概括为

“五个一批”:

“就是送国外培训一批，送台湾培训一批，送清华、北大培训一批，送国家统计局培训一批，还有省内培训一批。就是通过‘五个一批’的培训，我感觉全省统计干部队伍的素质有了极大的提高。”

谈学习培训的效果，姚局长也概括出五点:“一是开阔了眼界，二是拓展了思维，三是增长了知识，四是提高了水平，五是激发了热情。真是一分耕耘一分收获，我们尝到了甜头。”

用事实说话，姚局长拿出统计服务的两笔数据来佐证:“2011年我们的统计分析报告得到国家领导人批示1篇，中办、国办批示3篇，省领导批示的有10多篇；信息采用量和统计服务工作都大幅提升。还有培训对我们实施国家的一套表、联网直报改革工作也作用很大。在国家一套表改革和联网直报工作中，我省的直报率已经达到了97.5%。”说到这些，姚局长又引用了他的比喻:“你想，如果不加强学习，政治不敏感，业务不熟悉，思维不开阔，新知识不接受，那是什么局面？人不学习要落后，工作自然也上不去。所以对搞好统计教育培训我还是那两句话: 一个是四两拨千斤，一个是磨刀不误砍柴工。”

统计教育培训的更大收获，在于赢得人才的竞争力，在于促进统计事业的可持续发展。谈云南统计教育，国家统计局纪检组长罗兰很赞赏，他说:“基层统计人员的业务能力和工作质量对统计数据质量、对政府统计公信力至关重要，是建设

‘四大工程’的重要保障。云南省统计局面向基层、服务基层，认真谋划，精心组织，大规模、多渠道、高质量地开展了全省乡镇统计人员轮训工作，取得了显著的成绩。他们高度重视统计教育培训工作，不仅在提高基层人员素质上下功夫，而且多层次、全方位，理论与实践相结合，狠抓统计专业培训，强化统计职业道德教育，提高整个统计队伍的素质。他们的经验和做法是值得总结和借鉴的”。

拍摄采访，走过云南，这片神奇热土上统计教育培训的热潮，给人启迪，给人振奋！今天，新中国政府统计机构已经走过60年风雨辉煌。展望未来，统计事业任重道远，教育培训大有可为。

回京路上，云南那山、那水、那统计人的故事，一路伴随我……索性乘兴写下一首《统计教育之歌》，送给云南的统计教育同仁，送给那些勤奋的统计学员，并决定以此做我们所拍电视片的主题歌：

春风化雨润物无声
统计知识我们播撒
教育培训使命光荣
责任在肩汗水挥洒
一分辛勤一分收获
秋实累累酬春华
为了统计的人才
为了事业的大厦
甘洒心血浇灌统计之花

带着渴望走进课堂
统计知识学海无涯
宝剑锋芒磨砺中出
苦寒历尽香飘梅花
一分拼搏一分进取
学习奋发创最佳
为了统计的未来
为了祖国的强大
甘洒心血浇灌统计之花